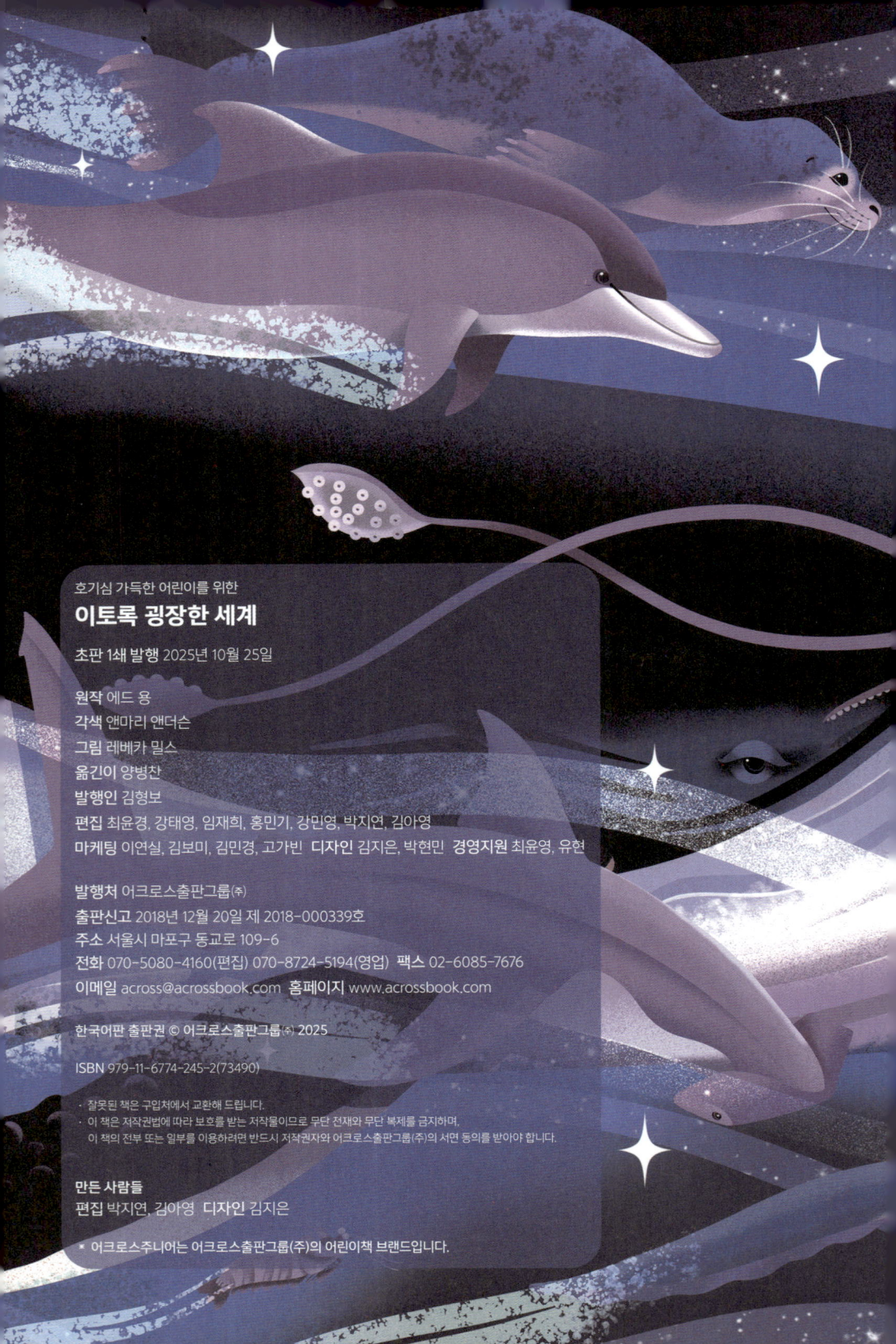

호기심 가득한 어린이를 위한
이토록 굉장한 세계

초판 1쇄 발행 2025년 10월 25일

원작 에드 용
각색 앤마리 앤더슨
그림 레베카 밀스
옮긴이 양병찬
발행인 김형보
편집 최윤경, 강태영, 임재희, 홍민기, 강민영, 박지연, 김아영
마케팅 이연실, 김보미, 김민경, 고가빈 **디자인** 김지은, 박현민 **경영지원** 최윤영, 유현

발행처 어크로스출판그룹(주)
출판신고 2018년 12월 20일 제 2018-000339호
주소 서울시 마포구 동교로 109-6
전화 070-5080-4160(편집) 070-8724-5194(영업) **팩스** 02-6085-7676
이메일 across@acrossbook.com **홈페이지** www.acrossbook.com

한국어판 출판권 ⓒ 어크로스출판그룹(주) 2025

ISBN 979-11-6774-245-2(73490)

· 잘못된 책은 구입처에서 교환해 드립니다.
· 이 책은 저작권법에 따라 보호를 받는 저작물이므로 무단 전재와 무단 복제를 금지하며,
  이 책의 전부 또는 일부를 이용하려면 반드시 저작권자와 어크로스출판그룹(주)의 서면 동의를 받아야 합니다.

만든 사람들
편집 박지연, 김아영 디자인 김지은

· 어크로스주니어는 어크로스출판그룹(주)의 어린이책 브랜드입니다.

호기심 가득한 어린이를 위한

동물은 어떻게 지구의 놀라운 비밀을 감지할까요?

이토록
굉장한 세계

에드 용 원작
앤마리 앤더슨 각색
레베카 밀스 그림 | 양병찬 옮김

멋진 내 친구, 타이포Typo에게

AN IMMENSE WORLD (Young Readers Edition)
• Copyright ⓒ 2025 by Ed Yong
• All Rights reserved
including the rights of reproduction in whole or in part in any form.
• Korean Translation Copyright ⓒ 2025 by Across Publishing Group Inc.
• Korean edition is published by arrangement with Janklow & Nesbit (UK) Ltd.
through Imprima Korea Agency.

• 이 책의 한국어판 저작권은 Imprima Korea Agency를 통해
Janklow & Nesbit (UK) Ltd.와 독점 계약한 어크로스출판그룹㈜에 있습니다.
• 저작권법에 의하여 한국 내에서 보호를 받는 저작물이므로 무단 전재와 복제를 금합니다.

어린이 여러분에게

이 글을 쓰는 동안 나의 반려견 타이포Typo가 코를 벌름거리며 거실 이곳저곳을 돌아다니는 모습을 바라봅니다. 문득 내 코로 감지하지 못하는 냄새를 타이포가 맡고 있을지 궁금해집니다. 앞마당 꽃들 사이를 날아다니는 나비를 보니, 내 눈에 보이지 않는 색깔을 보고 있을지도 궁금해집니다. 집비둘기들이 서로에게 노래하는 소리를 듣고, 내 귀로는 알아채지 못하는 멜로디를 음미하고 있을지도요.

『이토록 굉장한 세계』를 쓰기 시작한 후로, 나는 이런 의문들을 끊임없이 떠올리게 되었습니다. 이제 나는 모든 동물이 나와 완전히 다른 방식으로 세상을 인식한다는 것을 잘 알고 있습니다. 우리 집이나 동네처럼 일상적인 공간에도 내가 놓치는 보물이 숨어 있다는 것을 이해합니다. 심지어 나와 친숙한 동물들도 감지할 수 있는 것들을 나만 느끼지 못한다니……. 이 사실을 알게 되자 나는 작고 초라해졌지만, 동시에 위대하고 특별한 무엇의 일부가 된 듯한 느낌을 받고 있습니다. 마치 세상의 가장 놀라운 비밀을 엿들은 것 같은 기분이에요.

나는 이 비밀을 여러분과 나누고 싶습니다. 우리 주변 세계에서 다른 동물들이 감지하는 놀라운 것들에 대해 알려 주고 싶습니다. 지금껏 감각과 그 작동 방식에 대해 알고 있다고 생각했던 모든 것을 다시 생각해 보기 바랍니다. 나는 여러분을 웅장한 여행에 초대하고 싶습니다. 먼 곳이 아니라, 우리 코와 귀와 눈과 손끝 아래에 항상 존재해 왔던 다른 세계로 떠나는 여행이에요. 『호기심 가득한 어린이를 위한 이토록 굉장한 세계』에 오신 것을 진심으로 환영합니다.

목차

들어가며: 지구를 이해하는 새로운 방식

4

1. 냄새와 맛: 분자를 탐지하는 화학적 감각

16

2. 빛: 각각의 눈이 바라보는 수백 개의 우주

42

3. 색깔: 빨강, 초록, 파랑으로 표현할 수 없는 세계

68

4. 통증: 아무도 원하지 않는 감각

94

5. 열: 대단한 능력자들

114

6. 촉감과 흐름: 다소 거친 감각

134

7. 표면 진동: 흔들리는 땅

156

8. 소리: 각양각색의 귀

176

9. 메아리: 고요한 세상의 맞장구

202

10. 전기장과 자기장: 살아 있는 배터리와 나침반

228

11. 감각의 통합: 부분과 전체

254

12. 위기에 처한 감각 풍경: 고요함을 살리고 어둠을 보존하라

266

감사의 글

288

알아 두면 좋을 생명 과학 용어

290

들어가며

지구를 이해하는 새로운 방식

방 안에 당신과 여러 동물이 함께 있다고 상상해 보세요. 아무래도 학교 체육관만큼 넓은 방이어야 할 것 같아요. 이 방에 당신과 코끼리, 생쥐, 울새, 방울뱀이 함께 있습니다. 그뿐만이 아니에요. 올빼미가 농구 골대에 앉아 있고, 박쥐가 천장에 거꾸로 매달려 있습니다. 거미가 거미줄 구석에 앉아 있고, 모기가 윙윙거리며 지나갑니다. 이 모든 동물들이 어떻게 여기에 왔는지, 이후에 어떻게 할지는 생각하지 마세요. 그 대신, 당신과 동물들이 서로를 어떻게 인식하는지 생각해 보세요.

코끼리는 코를 들어 올리고, 방울뱀은 혀를 내밀고, 모기는 더듬이를 씰룩거립니다. 그들은 제각기 전혀 다른 일을 하는 것처럼 보이지만, 사실 세 동물은 모두 냄새를 맡고 있는 거예요. 모기는 당신의 살갗 냄새를 맡고 팔뚝에 내려앉아 물려고 합니다. 당신이 손으로 찰싹 때려 모기를 쫓아내는 순간, 생쥐가 이 소리에 놀라 찍찍거립니다. 생쥐의 '찍찍' 소리는 주파수가 매우 높아 박쥐는 들을 수 있지만 당신과 코끼리는 들을 수 없습니다. 당신에게는 오직 침묵만이 감돌 뿐이에요. 한편, 코끼리도 소리—깊은 울림—를 내고 있는데, 주파수가 매우 낮아 당신이나 박쥐의 귀에는 들리지 않습니다. 당신은 그 진동만을 느낄 수 있고, 방울뱀도 민감한 배를 통해 이 진동을 느낄 수 있습니다.

당신은 울새의 노래를 들을 수 있지만, 청각이 둔해 모든 음을 포착할 수는 없습니다. 그러다 당신은 울새를 바라봅니다. 당신의 눈에는 울새의 가슴이 빨갛게 보이지만, 코끼리에게는 그렇지 않습니다. 코끼리에게는 파란색과 노란색만 보입니다. 울새의 가슴은 자외선으로 빛

나는데, 자외선은 울새와 올빼미는 볼 수 있지만 당신은 볼 수 없는 색이에요. 그리고 불이 꺼지면 당신이 볼 수 있는 색의 종류는 더 줄어듭니다.

어둠 속에서, 당신은 앞으로 걸어가며 팔을 뻗어 장애물을 더듬으려고 합니다. 생쥐도 예민한 수염으로 비슷한 행동을 하는데, 당신의 발 사이를 스치듯 지나갈 때 수염을 앞뒤로 휙휙 움직입니다. 생쥐의 발자국 소리는 너무 작아서 당신의 귀에는 들리지 않지만, 올빼미는 이를 쉽게 듣고 급강하합니다. 방울뱀 역시 어둠 속에서 생쥐를 감지할 수 있는데, 생쥐의 따뜻한 몸에서 나오는 적외선을 탐지하기 때문입니다. 방울뱀은 공격을 시도하다가…… 급강하하는 올빼미와 충돌합니다.

거미는 이 모든 것을 알아차리지 못합니다. 왜냐하면 시각과 청각이 좋지 않기 때문입니다. 거미는 거미줄을 따라 전달되는 진동에 가장 큰 관심을 기울입니다. 모기가 거미줄에 걸려 옴짝달싹 못 하게 되면, 거미는 모기의 발버둥질을 감지하고 접근합니다.

하지만 거미가 모기를 공격할 때, 박쥐가 거미를 공격합니다. 박쥐는 공중을 날아다니며 고주파 울음소리를 내고 돌아오는 메아리에 귀를 기울입니다. 이 능력―일종의 음파 탐지기―덕분에, 박쥐는 어둠 속에서도 거미를 찾아내 거미줄에서 떼어 낼 수 있습니다. 박쥐가 먹이를 먹는 동안 울새는 이상한 끌림을 느낄 수 있습니다. 마치 머릿속에 나침반이라도 있는 것처럼, 울새는 방 안에서도 지구의 자기장을 감지합니다. 울새는 남쪽으로 방향을 틀어 열린 창문을 통해 탈출합니다. 울새가 떠난 방에는 코끼리 한 마리, 박쥐 한 마리, 방울뱀 한 마리, 약간 헝클어진 올빼미 한 마리, 억세게 운 좋은 생쥐 한 마리, 마지막으로 당신이 남아 있습니다.

휴! 이 긴 이야기에서 당신은 방 안의 동물들과 같은 공간을 공유하지만, 각자는 완전히 다른 방식으로 환경을 경험합니다. 지구상에 존재하는 수십억 종의 동물들도 마찬가지예요. 지구는 온갖 풍경과 질감, 소리와 진동, 냄새와 맛, 전기와 자기장으로 가득 차 있습니다. 그러나 각각의 동물은 전혀 다른 방식으로 환경을 경험하며, 이러한 것들 중 일부만을 감지할 수 있답니다.

심지어 사람들도 세상을 제각기 다르게 감지합니다. 어떤 사람들에게는 빨간색과 녹색이 똑같이 보입니다. 어떤 사람들에게는 다른 사람의 체취가 바닐라 향처럼 느껴지기도 하죠. 어떤 사람들은 향신료의 일종인 고수를 좋아하지만, 어떤 사람들은 비누 맛이 난다며 싫어합니다.

왜 그럴까요? 우리를 비롯한 지구상의 모든 생명체가 독특한 '감각 거품' 속에 갇혀 있기 때문이죠. 이 거품 속에서, 우리는 각자 광대한 세계의 극히 작은 부분만을 인식하는 거예요.

감각 거품을 설명하는 단어가 있는데, 그게 바로 **움벨트**Umwelt입니다. 이 단어는 '주변 환경'을 뜻하는 독일어에서 유래했습니다. 1909년 동물학자 야콥 폰 윅스퀼Jakob von Uexküll은 이 단어를 특별한 의미로 사용하기 시작했어요. 동물의 주변 환경 중 '그 동물이 감지하고 경험할 수 있는 부분'을 설명하기 위해서 말이에요. 윅스퀼에 따르면, 당신의 움벨트는 바로 옆에 있는 다른 동물의 움벨트와 완전히 다를 수 있습니다.

예컨대 작은 흡혈 동물인 진드기는 매우 좁은 움벨트를 가지고 있습니다. 진드기는 체온, 털의 감촉, 피부에서 나오는 화학 물질을 감지할 수 있지만, 우리가 느낄 수 있는 색깔과 소리를 다 알지는 못합니다. 우리가 느끼는 것들 중 상당수는 진드기의 움벨트 너머에 있으니까요.

그렇다면 우리의 움벨트는 어떨까요? 진드기보다는 넓지만, 역시 제한적입니다. 단지 그렇게 느껴지지 않을 뿐이죠. 그것이 우리가 '아는 전부'이기 때문에, 우리는 그것이 '알아야 할 전부'라고 착각하는 실수를 저지릅니다.

우리는 상어와 오리너구리가 감지할 수 있는 전기장을 감지할 수 없습니다. 울새와 바다거북이 탐지하는 자기장을 느낄 수도 없습니다. 설치류가 내는 가장 높은 소리도, 코끼리나 고래가 내는 가장 낮은 소리도 들을 수 없습니다. 방울뱀이 탐지하는 적외선도, 새와 벌이 감지하는 자외선도 볼 수 없습니다.

하지만 그렇다고 해서 이러한 것들이 존재하지 않는다는 의미는 아니에요.

설사 어떤 동물이 우리와 같은 감각을 공유하더라도, 그들의 움벨트는 매우 다를 수 있습니다. 우리에게는 침묵처럼 느껴지는 곳에서 소리를 들을 수 있는 동물들이 있습니다. 우리에게는 어둠처럼 보이는 곳에서 색깔을 볼 수 있는 동물들도 있습니다. 무릎에 귀가 있는 동물도 있고, 팔다리에 코가 있는 동물도 있어요. 심지어 피부 전체에 혀가 있는 동물도 있고, 온몸으로 볼 수 있는 동물도 있어요.

  동물의 감각은 항상 자신의 필요에 맞도록 설정되어 있습니다. 그들은 자신에게 중요한 정보를 포착하며, 필요 없는 것은 모두 걸러 냅니다. 모든 동물이 자기 나름대로의 움벨트를 갖는 것은 바로 이 때문이에요. 이론상 어떤 동물도 모든 것을 감지할 필요가 없고, 실제로도 그렇습니다. 다른 동물의 움벨트에 발을 들여놓는 것이 그토록 마법 같은 행위인 이유도 바로 여기에 있어요. 우리의 감각은 우리에게 '꼭 알아야 할 것'을 제공합니다. '굳이 알 필요가 없는 것'을 감지하려면, 그것에 대해 배우겠다고 결심해야 합니다.

현장 속으로

동물: 뿔매미 treehopper

장소: 파나마의 열대 우림

어느 날 아침, 마이크 라이언Mike Ryan과 렉스 코크로프트Rex Cocroft라는 두 과학자가 열대 우림으로 하이킹을 떠났다. 그들은 뿔매미라는 작은 곤충을 찾고 있었다. 이 생물은 식물의 줄기와 잎을 통해 진동을 전달함으로써 서로 의사소통을 한다. 인간은 이 메시지를 들을 수 없지만, 작은 마이크를 이용하여 소리로 변환할 수는 있다.

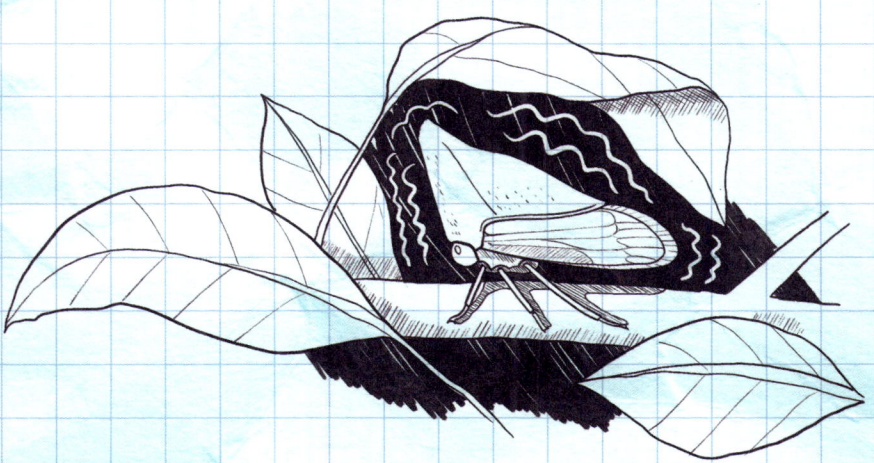

코크로프트가 관목 한 그루를 발견하고 잎 몇 장을 뒤집자 어미 뿔매미와 새끼들이 나타났다. 그는 식물에 마이크를 고정시키고 라이언에게 헤드폰을 건네주며 들어 보라고 말했다. 그러고 나서 손가락으로 잎을 살짝 튕기자, 새끼 뿔매미들은 진동을 일으키면서 부리나케 도망쳤다.

라이언이 이렇게 말했다.

"나는 어쩐지 우당탕탕 소리가 날 거라고 생각했어요. 하지만 웬걸, 헤드폰에서는 소 울음소리 같은 게 들렸어요."

그 소리는 깊고 예상치 못한 것이었다. 라이언은 잠시 후 헤드폰을 벗었다. 주변에서 새들이 노래하고, 짖는원숭이howler monkey들이 울부짖고, 풀벌레들이 지저귀는 소리가 들렸다. 뿔매미들은 조용했다. 하지만 다시 헤드폰을 끼자 완전히 다른 세상으로 이동한 것 같았다.

라이언이 다시 말했다.

"그건 감각 여행이었어요. 같은 장소에 있었지만, 정말 멋진 두 환경 사이를 오가는 것 같았거든요. 윅스퀼의 아이디어를 극명하게 보여 주는 사례였어요."

그러나 아무리 단단히 결심하더라도, 다른 동물의 감각에 대해 배우는 것은 쉽지 않을 거예요.

박쥐를 생각해 보세요. 박쥐는 음파 탐지기를 통해 세상을 이해하는데, 이것은 인간 대부분이 갖지 못한 감각이에요. 그러니 박쥐로 산다는 것이 어떤 느낌일지 상상하기는 어려울 거예요. 물론 팔에 날개막이 있거나 입에 벌레가 있는 모습을 상상할 수는 있겠죠. 하지만 그건 인간의 움벨트를 박쥐의 몸에 덮어씌운 상상일 뿐, 소리를 통해 세상을 탐험하는 느낌은 아닐 거예요. 박쥐가 박쥐로서 느끼는 것을 이해하려면 엄청난 정신적 도약이 필요해요. 완전한 도약을 이루는 것은 사실상 불가능할 거예요. 하지만 어쨌든 시도해 볼 만한 가치가 있어요. 다른 동물의 감각 세계를 생각할 때, 우리의 감각이 걸림돌이 되기 마련이지만 말이에요.

우리는 인간의 감각을 통해 동물의 감각을 해석하는데, 이는 자칫 위험할 수 있어요. 우리는 우리의 동반자인 동물들을 배려하지 않고 환경을 제멋대로 바꾸는 경향이 있어요. 예를 들어, 해변 근처에 설치한 해안등은 바다로 가는 아기 거북을 유인합니다. 또, 개들이 코를 이리저리 킁킁대는 것을 막는데, 이는 냄새가 개에게 얼마나 중요한지 깨닫지 못하기 때문이에요.

하지만 다른 동물들에게 주의를 기울이면 우리의 세계가 확장되는 경험을 할 수 있어요. 그건 어디에서도 얻을 수 없는 색다른 경험이에요. 뿔매미의 소리를 들어 보세요. 주변 식물들이 '소리 없는 노래'로 진동하고 있음을 깨달을 거예요. 산책하는 개를 관찰하면 도시의 거리들이 향기와 이야기로 가득 차 있음을 알 수 있어요. 또 하나의 움벨트에 들어서는 것은, 지구와 유사하지만 약간 다른 외계 행성에 발을 디디는 것과 같아요.

이 책에서 우리는 그런 세계들을 방문할 예정이에요. 먼저 냄새와 맛이라는 화학적 감각을 탐구한 다음, 시각과 색각을 거쳐 통증과 열에 대한 감각으로 넘어갈 거예요. 기계적 감각인 촉각, 진동, 청각, 반향정위echolocation도 탐구할 거예요. 마지막으로, 인간이 감지할 수 없는 전기장과 자기장을 탐지하는 동물들의 이상한 감각을 밝혀낼 거예요.

 이러한 감각과 그 감각을 사용하는 동물들을 탐구하는 동안 여러분은 감각에 대한 새로운 관점을 갖게 될 거예요. 그뿐만 아니라, 주변 세계에 대한 새로운 이해도 얻게 될 거고요.

 자, 이제 여행을 시작하기로 해요!

모르는 것투성이인 감각

 동물의 감각은 대부분 여전히 미스터리입니다. 놀랍도록 새로운 세부 감각과 때로는 완전히 새로운 감각까지, 하루가 멀다 하고 밝혀지고 있으니 말이에요. 예를 들면, 2012년에 과학자들은 거대 고래의 아래턱 끝부분에 배구공만 한 센서가 있다는 것을 발견했습니다. 하지만 그 용도는 지금까지 알려지지 않았어요.

 심지어 '감각은 몇 가지나 될까?'라는 기본적인 질문에 답하는 것도 어렵습니다. 여러분은 아마도 이미 시각, 청각, 후각, 미각, 촉각이라는 다섯 가지 주요 감각은 알고 있을 거예요. 하지만 다른 동물들은 제쳐 놓더라도 인간에게는 두 가지 감각이 더 있는데, 바로 **고유 감각**proprioception과 **평형 감각**equilibrioception이에요. 고유 감각은 '자신의 신체에 대한 인식'을 의미하며 촉각과 별개이고, 평형 감각은 균형 감각이라고도 하며 촉각 및 시각과 연결되어 있답니다.

들어가며

1장

분자를 탐지하는 화학적 감각
냄새와 맛

하나. 코의 작동 원리
둘. 페로몬의 힘
셋. 스테레오 센서
넷. 맛의 비밀

코의 작동 원리

타이포의 매력 포인트는 '검은색과 갈색이 섞인 털'과 '따뜻한 갈색 눈'입니다. 하지만 타이포가 꼬리를 흔들며 달려올 때, 내가 가장 눈여겨보는 신체 부위는 '코'입니다. 가까이 다가온 타이포는 내 쪽으로 몸을 기울이며 코를 연신 킁킁거립니다. 만약 타이포가 사람이라면 그건 정말 이상하고 어색한 일일 거예요! 하지만 타이포는 내가 기르는 반려견, 웰시코기입니다. 그리고 타이포와 세상과의 상호 작용은 주로 코를 통해 이루어집니다.

개의 코가 어떻게 작동하는지 자세히 설명해 줄게요.

깊게 숨을 들이쉬어 보세요. 당신이 숨을 들이쉴 때, 한 갈래 기류(공기의 흐름)가 냄새 맡는 것과 숨 쉬는 것을 동시에 가능하게 합니다. 하지만 타이포가 냄새를 맡을 때는 기류가 두 갈래로 나뉩니다. 대부분은 타이포의 폐로 들어가지만, 일부분은 코 뒤쪽으로 빠르게 이동합니다. 그러고는 '냄새 방'으로 들어갑니다. 이 영역은 후각 **뉴런**이라는 특수 세포로 가득 차 있는데, 이 세포는 지나가는 **방향제**—후각 자극 물질—나 향기 **분자**를 포착하고 인식합니다. 후각 뉴런에서 형성된 냄새 신호는 즉시 뇌로 전송됩니다.

인간의 코에도 냄새 방이 있지만 개의 냄새 방은 인간의 것보다 더 크고, 더 많은 후각 뉴런이 더 많은 냄새를 포착합니다. 그리고 냄새를 담당하는 뇌 영역인 **후각 망울**olfactory bulb도 더 큽니다. 개는 냄새 탐지 초능력자인 거죠.

당신이 숨을 내쉴 때, 콧속에 들어와 있던 방향제들이 밀려납니다. 하지만 타이포가 숨을 내쉴 때는, 냄새 방에 들어와 있던 방향제들이 밀려 나가지 않습니다. 그것들은 그대로 남아 있으며, 타이포가 계속 코를 킁킁대고 돌아다니며 숨을 들이쉴 때마다 더 많은 냄새가 들어옵니다. 따라서 타이포의 코는 어떤 순간에도 냄새로 가득 차 있습니다.

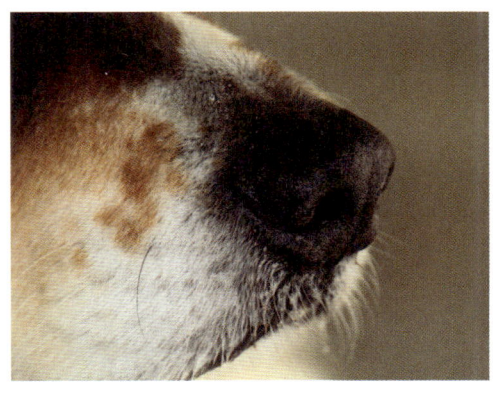

타이포의 콧구멍 모양도 냄새를 포착하는 데 도움을 줍니다. 반려견의 코를 관찰해 본 적이 있나요? 만약 없다면 다음 번에 자세히 살펴보세요. 콧구멍이 두 개의 작은따옴표(˵)처럼 생겼다는 걸 알아차리게 될 거예요. 각 콧구멍은 앞쪽을 향하고 있으며 옆으로 갈수록 점점 더 좁아져 '길고 좁은 틈새'로 마무리됩니다. 여기에는 그럴 만한 이유가 있어요! 이 틈새는 공기의 소용돌이를 만들어 신선한 냄새를 끌어들이는데, 심지어 타이포가 숨을 내쉴 때도 마찬가지입니다.

개들은 이처럼 특별한 코를 유용하게 사용합니다. 어떤 개들은 냄새로 일란성 쌍둥이를 구분할 수 있습니다. 어떤 개들은 코를 이용해 폭탄, 마약, 지뢰, 실종자, 고래 똥, 침입 식물, 빈대, 기름 누출, 종양 등을 탐지할 수 있습니다. 냄새나는 거라면 뭐든, 개는 훈련을 통해 찾아낼 수 있습니다.

개가 냄새를 잘 맡는다는 건 이미 알고 있을 거예요. 하지만 이것이 개에게 어떤 의미일지 생각해 본 적이 있나요? 개의 움벨트, 즉 냄새로 구성된 세계가 개의 내면 세계를 인간의 내면 세계와 어떻게 다르게 만드는지 말입니다.

먼저, 냄새가 어떻게 이동하는지 생각해 보세요. 냄새는 어둠 속을 통과하고 모퉁이를 돌아 구석구석으로 퍼집니다. 그러므로 도시락 안에 있는 샌드위치를 볼 수 없더라도 그 냄새는 맡을 수 있습니다. 냄새는 오래 남을 수도 있습니다. 타이포는 집 안에 오래 머물렀던 사람들의 냄새를 맡을 수 있는데, 그 이유는 그들의 냄새가 남아 있기 때문이에요. 또한 냄새는 무언가나 누군가가 방에 들어오기 전에 먼저 도착할 수 있습니다. 그래서 당신이 학교에서 돌아올 때, 당신의 반려견은 현관문을 열기도 전에 당신의 냄새를 맡을 수 있습니다. 이처럼 개의 코는 과거, 현재, 미래에 일어나는 일을 냄새로 알 수 있어요.

사람 코가 개 코보다 열등할까요?

사람 코는 개 코에 비해 안 좋은 평가를 받곤 합니다. 하지만 우리의 후각이 형편없다는 건 사실이 아니에요. 심지어 삼나무와 바나나 같은 일부 냄새는 개보다 더 잘 구분할 수 있어요!

우리도 개처럼 코로 냄새를 추적할 수 있습니다. 내가 이 사실을 알게 된 것은 알렉산드라 호로비츠 Alexandra Horowitz의 연구실에 방문했을 때였어요. 알렉산드라 호로비츠는 개의 후각 또는 냄새 탐지 전문가이자 『개 안의 개: 개가 보고, 냄새 맡고, 아는 것』의 저자입니다.

호로비츠는 연구실 바닥에 '초콜릿 향이 나는 끈'을 꾸불꾸불하게 늘어놓고, 나에게 '눈을 감은 채 코에 의존하여 끈을 따라가 보라'고 요청했어요. 좀 바보 같은 기분이 들었지만, 나는 무릎을 꿇고 엎드려 냄새를 맡기 시작했어요. 놀랍게도 나는 초콜릿 냄새를 재빨리 감지하고 따라갔어요. 그러던 도중에 냄새가 사라지면 마치 개처럼 머리를 좌우로 돌렸어요. 내가 초콜릿 끈을 따라가는 데 걸린 시간은 약 1분이었어요. 타이포는 똑같은 테스트를 0.5초 만에 통과할 수 있었어요.

호로비츠가 끈을 제거하자, 나는 더 이상 초콜릿 향을 맡을 수 없었어요. 하지만 타이포는 끈이 사라진 후에도 오랫동안 향을 탐지할 수 있었지요. 결론적으로, 나는 테스트를 가까스로 통과했지만, 타이포는 만점을 받은 거예요.

호로비츠는 확실하게 말합니다.

"이래 봬도 우리는 제법 완벽한 코를 가지고 있어요. 단지 개만큼 잘 사용하지 않을 뿐이죠."

개들은 언제나 코를 사용합니다. 개들이 산책할 때 그렇게 많은 시간을 냄새 맡기에 할애하는 것은 코로 탐색을 하기 때문이에요. 요컨대 우리가 '눈으로' 하는 일을 개들은 코로 하는 거죠!

개들은 코를 통해 사회화도 수행합니다. 개들이 만나면 서로 냄새를 맡는데, 이는 우리가 악수를 하는 것과 다를 바 없습니다. 다른 개가 남긴 소변 자국을 냄새 맡을 때, 개는 그 소변을 남긴 개가 누구인지, 그 개가 무엇을 먹었는지, 건강 상태가 어떤지도 알 수 있을 거예요. 친구들의 상태를 살피는 것이죠. 당신이 소셜 미디어를 사용할 때처럼 말이에요.

냄새가 개에게 매우 중요하기 때문에, 때로는 개들이 개답게 냄새를 맡도록 내버려두는 것이 좋습니다! 당신이 반려견을 키운다면, 산책할 때 몇 초마다 멈춰 냄새 맡는 것을 눈치챌 수 있을 거예요. 포장 도로의 갈라진 틈새를 따라 코를 킁킁거리기도 하고, 풀밭 냄새를 맡기 위해 발걸음을 멈추기도 하고, 먼 곳의 바비큐 냄새를 느끼기 위해 잠시 머뭇거리기도 합니다.

어쩌면 당신은 참을성을 잃고 반려견이 서두르기를 바랄 수도 있습니다. 하지만 당신의 반려견은 냄새를 통해 많은 것을 경험하기 때문에, 반려견이 주변 환경을 탐색할 수 있도록 조금 더 시간을 주는 것이 중요합니다. 가끔씩 특별한 '냄새 산책'을 시켜 주는 것도 고려해 볼 수 있어요. 당신이 가고 싶은 곳으로 끌고 가기보다는 반려견의 코가 안내자가 되도록 해 주세요. 알렉산드라 호로비츠 같은 과학자들은 반려견이 마음껏 냄새 맡도록 허용될 때 더 행복하고 불안감이 덜하다는 것을 발견했습니다.

같은 냄새, 다른 느낌

언뜻 보면 모두 같아 보이지만, 냄새에 반응하는 방식은 사람마다 조금씩 다릅니다. 우리 모두는 '몸 냄새를 어떻게 느끼는지'를 결정하는 유전자를 가지고 있습니다. 이 유전자의 한 유형을 물려받은 사람들은 다른 사람의 체취를 역겨워합니다. 하지만 다른 유형을 물려받은 사람들은 그 냄새가 하필이면 바닐라 향이라고 생각한답니다!

땀에 젖은 양말 냄새를 역겨워하는 사람도 있고 달콤한 향으로 여기며 좋아하는 사람도 있을 텐데, 인간과 개가 냄새를 처리하는 방식을 똑 부러지게 비교하는 게 가능할까요? '사람은 모두 이렇고, 개는 모두 저렇다'고 일률적으로 말해서는 안 될 것 같아요.

냄새를 표현하는 단어들(힌트: 많지 않아요!)

영어에는 냄새를 표현하는 단어가 딱 세 개—stinky(악취 나는), fragrant(향기로운), musty(곰팡내 나는)—뿐입니다. 그 외의 모든 단어는 동의어—aromatic(향기로운), foul(악취 나는)—이거나, 은유—decadent(퇴폐적인), unctuous(느끼한)—이거나, 다른 감각에서 빌려온 것—sweet(달콤한), spicy(매운)—이거나, 냄새의 근원—rose(장미 향 나는), lemon(레몬 향 나는)—에서 유래한 것입니다.

하지만 말레이시아의 자하이족 Jahai은 냄새를 표현하는 데만 한 다스의 단어를 사용하는 것으로 유명합니다. 그중 하나는 휘발유, 박쥐의 배설물, 노래기의 냄새를 설명합니다. 다른 하나는 새우젓, 고무나무 수액, 호랑이, 썩은 고기에서 나는 냄새를 설명합니다. 또 다른 단어는 비누, 악명 높은 냄새가 나는 두리안, 빈투롱binturong(털이 많은 검은 동물로, 보통 버터 팝콘 냄새가 난다고 합니다. 믿거나 말거나이지만요)에 사용됩니다. 연구에 따르면, 자하이 족은 영어권 사람들이 색깔을 표현하는 것만큼이나 쉽게 냄새를 표현할 수 있다고 합니다. 토마토가 빨간색인 것처럼, 빈투롱의 독특한 '영화관 냄새(버터 팝콘 냄새)'는 ltpit(릿풋)이라는군요.

둘

페로몬의 힘

개들이 코를 어떻게 사용하는지 살펴보면, 냄새가 그들에게 얼마나 중요한지 알 수 있습니다. 하지만 개보다 냄새에 더 깊이 의존하고, 덜 눈에 띄는 방식으로 냄새를 맡는 동물이 있어요. 바로 개미입니다!

개미는 수천 또는 수백만 마리의 개체로 구성된 대규모 군집에서 생활합니다. 이렇게 많은 수의 개체가 어떻게 조직을 유지하는지 궁금하지 않나요? 바로 냄새를 통해서입니다! 개미들은 **페로몬**이라는 '냄새 나는 화학 물질'을 통해 메시지를 주고받으며, 이를 더듬이로 탐지합니다. 개미가 더듬이로 무언가를 톡톡 두드리는 것은 그들만의 심오한 냄새 맡기 방식입니다.

개미 군집에서는 다양한 작업에 따라 각각 다른 페로몬이 사용됩니다. 공기 중에 쉽게 떠다니는 '가벼운 페로몬'은 행동을 촉발하는 신호입니다. 당신이 개미 한 마리의 머리를 막대기로 짓누르면, 몇 초 만에 그 개미의 동료들이 공기 중의 페로몬 냄새를 맡고 몰려와 전투에 돌입할 거예요. '중간 무게의 페로몬'은 땅바닥에 길을 만들어 다른 개미들이 먹이를 찾도록 돕습니다. '가장 무거운 페로몬'은 개미의 몸에서 발견됩니다. 쉽게 말해서, 이것은 이름표와 같아요. 개미들은 이를 통해 같은 종species과 다른 종을 구분하거나, 같은 군집의 동료와 다른 군집의 개미를 구분합니다.

페로몬은 개미들이 대규모로 협력하고 지구상에서 가장 복잡한 문명을 형성하는 데 기여합니다. 이는 모두 개미들의 페로몬, 더듬이, 후각 덕분입니다.

페로몬은 때로는 개미들로 하여금 정말 어리석은 행동을 하게 만들기도 합니다. 붉은개미는 파랑나비의 애벌레를 돌보는데, 왜 그러는 걸까요? 이 애벌레는 아기 개미와 닮은 구석이 하나도 없지만, 냄새가 똑같기 때문입니다. 그리고 병정개미는 페로몬의 흔적을 너무도 충실히 따라가기 때문에, 만약 실수로 경로가 꼬여서 원위치에 돌아오더라도 행진을 멈추지 않습니다. 행진은 몇 바퀴째 계속됩니다. 오로지 페로몬 흔적에 의존해 행진하는 병정개미들은 '죽음의 소용돌이'라고 불리는 도돌이 행진을 계속하며, 기진맥진해 쓰러질 때까지 절대 멈추지 않습니다.

개미의 후각을 제거할 수 있다면, 그들이 냄새에 얼마나 의존하는지 분명히 알 수 있을 거예요. 한 실험에서, 과학자 다니엘 크로나우어

Daniel Kronauer는 개미 몇 마리를 잡아 냄새 맡는 데 필요한 유전자를 제거해 보았습니다. 그 유전자가 없어지자, 개미들은 더 이상 개미처럼 행동하지 않았다고 합니다.

페로몬 흔적을 따라가지 않았어요.

평소에 지극정성으로 돌보던 애벌레를 본체만체했어요.

군집 전체를 무시하고 며칠 동안 혼자 싸돌아다녔어요.

다른 개미들이 주변에 있을 때, 아무런 이유 없이 경고용 페로몬을 방출하여 모두를 혼란스럽게 만들었어요.

크로나우어는 실험 속 변이 개미들에 대해 말합니다.

"그들은 그곳에 다른 개미들이 있다는 것을 알아차리지 못해요. 냄새를 못 맡으니, 다른 개미들을 전혀 감지할 수 없는 거예요."

이런 개미들을 보면 안타까움을 느끼지 않을 수 없어요. 후각이 없는 개미는 군집을 잃은 개미이며, 군집을 잃은 개미는 사실상 개미라고 할 수 없으니 말이에요.

페로몬 흔적을 따라가는 병정개미들.

개미는 페로몬의 힘을 보여 주는 극적인 예이지만, 페로몬을 사용하는 유일한 동물은 아니에요. 수컷 생쥐의 소변에 함유된 페로몬은 암컷 생쥐를 유인합니다. 암컷 바닷가재는 수컷 바닷가재를 페로몬으로 유인하기 위해 수컷 바닷가재의 얼굴에 오줌을 누기도 합니다. 데이트 상대를 대하는 방식이 참으로 독특하네요! 요컨대, 페로몬의 화학적 메시지는 가장 작은 생물부터 가장 큰 생물까지 동물계 전체를 움직인답니다.

죽었니, 살았니?

개미는 페로몬을 이용해 다른 개미가 죽었는지 살아 있는지 판단합니다. 죽은 개미가 방출하는 화학 물질인 올레산 때문이에요. 그럼 올레산을 살아 있는 개미의 몸에 바르면 어떻게 될까요? 동료들은 그 개미를 사체로 취급합니다. 살아서 발버둥 치는 모습이 보이더라도 상관없어요. 중요한 건 죽은 냄새가 난다는 점이며, 따라서 동료들은 그 개미를 쓰레기 더미로 옮겨 버릴 거예요.

현장 속으로

동물: 아프리카코끼리

장소: 케냐의 암보셀리 국립 공원

코끼리가 뛰어난 후각을 가지고 있다고 해서 놀랄 사람은 아무도 없을 것이다. 그 늠름한 코만 봐도 능히 짐작할 수 있다! 코끼리는 2미터에 달하는 코를 사용해 좋아하는 식물을 탐지할 수 있는데, 심지어 닫힌 상자 안에 숨겨져 있어도 아무런 문제가 없다. 코끼리는 냄새를 통해 각 사람을 식별할 수 있으며, 냄새가 나지 않는 것으로 알려진 TNT(군용 폭약) 같은 물체의 냄새를 구분하도록 훈련받을 수도 있다.

하지만 코끼리는 사회적 동물이기 때문에 그들에게 다른 코끼리의 냄새만큼 중요한 냄새는 거의 없다. 사람들은 만나면 서로 미소, 손 흔들기 같은 제스처와 소리로 인사한다. 하지만 그에 더하여, 코끼리는 냄새도 사용한다. 아프리카코끼리의 경우, 헤어졌다가 다시 만나면 주변 공기를 페로몬으로 가득 채우며 반갑게 인사한다.

어떻게 그럴 수 있을까? 눈 뒤의 샘에서 땀이 흘러나오는 동안 열정적으로 똥과 오줌을 누는 것이다. 당신에게는 어떨지 모르지만, 결벽증이 있는 나는 '땀과 대소변'보다는 '미소와 손짓'을 선택할 것 같다!

개미가 페로몬을 이용하여 사회를 움직이는 것처럼 코끼리도 페로몬을 사용한다. 그들은 심지어 이 화학 물질을 이용하여 친구와 가족을 식별할 수도 있다. 연구자 루시 베이츠Lucy Bates는 기발한 실험을 통해 이를 테스트했다. 케냐의 암보셀리 국립 공원에서, 루시 베이츠는 차를 몰고 코끼리 가족 무리를 따라가며 한 마리가 오줌을 눌 때까지 기다렸다. 용무를 마친 후 무리가 이동하자, 베이츠는 차에서 내려 오줌이 흥건한 흙을 퍼서 아이스크림 통에 담았다. 그런 다음 사바나를 돌아다니며 같은 무리나 다른 무리를 찾았다. 코끼리 무리보다 앞서 달리면서, 베이츠는 통에 담긴 흙을 코끼리들의 앞길에 쏟아부었다.

안전한 거리에서 베이츠는 한 코끼리 무리가 접근해 오줌 냄새를 맡는 모습을 관찰했다. 과연 어땠을까? 다른 가족 구성원의 오줌인 경우, 그들은 무시하는 것으로 나타났다. 하지만 자기 가족 구성원의 오줌이고 그 코끼리가 뒤에서 걷고 있는 경우, 그들은 호기심을 보였다. 누구의 오줌인지 뻔히 아는데, 그 코끼리가 자기들보다 앞서 나간 적이 없기 때문에 혼란스러워하는 기색이 역력했다. 냄새를 통해, 코끼리는 주변에 누가 있는지뿐만 아니라 그 개체가 무리 내에서 차지하는 위치까지도 훤히 알고 있다.

나무방울뱀은 갈라진 혀의 끝으로 냄새를 맡는답니다.

셋

스테레오 센서

이미 눈치챘을지 모르겠지만, 개, 코끼리, 개미는 한 쌍의 기관, 예를 들어 콧구멍 두 개나 더듬이 두 개를 사용해 냄새를 맡습니다. 이런 센서들은 냄새의 근원과 방향을 더 쉽게 추적하는 데 도움이 됩니다. 인간도 마찬가지예요. 내가 도전한 '초콜릿 향이 나는 끈 따라가기' 과제의 경우, 한쪽 콧구멍이 막히면 훨씬 더 어렵거든요.

이런 방식으로 작동하는 또 다른 후각 기관은 뱀의 '갈라진 혀'입니다. 우리는 혀로 맛을 보지만, 뱀은 혀를 이용하여 세상의 냄새를 맡습니다. 이 사실이 놀랍다고 생각하는 사람은 당신뿐만이 아니에요. 과거에 학자들도 뱀이 혀를 어떻게 사용하고 그것이 왜 갈라졌는지 완전히 잘못 이해했거든요. 그들은 이 신체 부위를 독침, 파리 잡는 집게, 심지어 콧구멍 청소 도구로 잘못 설명하기도 했어요!

하지만 1920년대에 과학자들은 마침내 그 비밀을 풀었어요. 갈라진 혀는 화학 물질 수집기로, 냄새를 맡는 데 사용되는 것으로 밝혀진 거예요.

뱀이 혀를 내밀 때, 혀의 끝부분은 땅이나 공중의 방향제 분자를 낚아챕니다. 혀를 오므릴 때는 침이 이러한 화학 물질을 서골비기관

vomeronasal organ이라는 두 개의 방으로 밀어 넣습니다. 이 방은 뇌의 후각 중추와 연결되어 있어요.

뱀이 혀를 한 번씩 날름거리는 것은 냄새를 조금씩 맡는 것과 같습니다. 새끼 뱀이 알에서 깨어나자마자 가장 먼저 하는 일은 뭘까요? 소름 끼치게도 혀를 날름거리는 거예요. 이는 뱀에게 냄새 맡기가 얼마나 중요한지를 보여 줍니다.

그런데 혀가 왜 갈라져 있을까요? 쉽게 말해서, 스테레오로 냄새를 맡기 위해서입니다. 예를 들어, 숲속을 기어다니는 나무방울뱀timber rattlesnake은 설치류의 흔적을 추적하기 위해 혀를 날름거립니다. 갈라진 혀의 양쪽 끝이 모두 생쥐를 탐지하면 뱀은 직진합니다. 오른쪽 끝이 생쥐를 탐지했지만 왼쪽 끝이 탐지하지 못하면 뱀은 오른쪽으로 방향을 틉니다. 그 반대이면 뱀은 왼쪽으로 방향을 틉니다. 두 끝 모두 생쥐를 탐지하지 못하면 뱀은 머리와 혀를 좌우로 흔들며 흔적을 다시 찾아냅니다. 이런 식으로, 뱀의 갈라진 혀는 먹이가 있는 방향에 대한 정보를 입체적으로 제공합니다.

새들이 냄새를 맡을 수 없다고요? 천만의 말씀!

과학자들 포함하여 수년간 많은 사람들은 새들이 냄새를 맡을 수 없다고 믿었어요. 하지만 그 이론은 기각되었어요. 이제 우리는 새들이 확실히 냄새를 맡을 수 있으며, 어떤 새들은 냄새를 매우 잘 맡는다는 것을 알고 있어요. 칠면조독수리turkey vulture는 수 킬로미터 상공에서 죽은 동물의 자극적인 냄새를 탐지할 수 있습니다. 뉴질랜드의 키위새는 땅속 깊숙이 묻힌 벌레와 다른 먹이를 냄새로 찾아낼 수 있어요.

알바트로스와 같은 바닷새도 코를 이용해 먹이를 찾습니다. 가브리엘 네빗Gabrielle Nevitt이라는 과학자는 그들이 디메틸설파이드(DMS)라는 기체를 찾아낸다는 것을 보여 주었어요. 인간에게는 DMS가 굴이나 해조류의 냄새와 비슷하게 느껴집니다. 한마디로 바다의 향기입니다. 구체적으로는 먹이가 풍부한 바다의 향기이며, 바닷새들은 이를 이용해 먹이가 풍부한 장소를 찾을 수 있어요. 네빗은 바닷새들이 바람에 떠다니는 매우 적은 양의 DMS도 탐지할 수 있음을 발견했습니다.

이러한 이해를 바탕으로, 네빗은 바다가 자신이 상상했던 것처럼 평평하고 특징 없는 곳이 아니라는 것을 깨닫게 되었습니다. 바닷새에게 바다는 '냄새가 진동하는 산'과 '냄새 없는 계곡'으로 이루어진 풍경이라는 거죠. 이처럼 '향기로운 먹이 단서'는 인간에게는 감지되지 않지만, 알바트로스는 갈지자(之)를 그리는 냄새 추적 비행smell-tracking flight을 통해 자신이 섭취하는 먹이의 절반 이상을 찾아내는 것으로 밝혀졌습니다.

네빗의 선구적인 연구 이후, 잇따른 후속 연구를 통해 많은 동물이 'DMS

를 추적하는 동물' 목록에 이름을 올렸어요. 펭귄, 산호초 물고기, 바다거북도 DMS를 탐지할 수 있으며, 모두 이 화학 물질에 이끌려 장거리 이동도 마다하지 않는다고 합니다.

넷

맛의 비밀

냄새와 마찬가지로, 맛은 화학 물질을 탐지하는 한 가지 방법입니다. 하지만 거기까지예요. 후각과 미각은 아주 다릅니다. 바닐라 오일 냄새를 맡아 보면 좋은 냄새가 날 거예요. 하지만 바닐라 오일 한 방울을 혀에 떨어뜨려 보세요. 아마도 역겨운 맛이 느껴질걸요?

냄새와 맛의 차이점은 무엇일까요? 동물은 '코'로 냄새를 맡고 '혀'로 맛을 느낀다고 말할지 모르지만, 알다시피 이는 사실이 아닙니다. 앞에서 살펴본 것처럼 뱀은 혀로 냄새를 맡고, 곧 만나게 될 동물들은 다리, 발, 심지어 몸 전체로 맛을 느끼니 말이에요!

후각과 미각의 진정한 차이는 '작동하는 방식'에 있습니다. 미각은 태어날 때 대부분 고정되어 있지만, 후각은 경험에 따라 변화합니다. 예를 들어, 신생아는 쓴맛을 싫어하지만, 땀이나 똥의 냄새는 싫어하지 않습니다. 나중에 학습을 통해 싫어하게 되는 거예요.

미각은 후각보다 훨씬 단순합니다. 우리는 수천 가지 다른 냄새를 구분할 수 있지만, 맛은 단지 다섯 가지 기본 특성—짠맛, 단맛, 쓴맛, 신맛, **우마미**(감칠맛)—으로 나뉩니다. 우리는 종종 '맛'과 '향미'를 혼동하지만, 향미는 주로 냄새와 관련되어 있기 때문에 감기에 걸리면 음식이 맛없게 느껴집니다.

 동물들은 후각을 복잡한 목적, 예컨대 방향 감각, 먹이 찾기, 무리나 군집의 조정에 사용합니다. 하지만 미각은 주로 먹이에 대한 단순한 결정—좋은지 나쁜지, 먹을지 뱉을지—을 내리는 데 사용합니다.

 그래서 뱀은 맛에 거의 신경 쓰지 않습니다. 먹이를 입에 넣기 전에, 날름거리는 혀를 이용해 냄새를 맡으며 '먹을 가치가 있는지'를 결정하거든요. 일단 입에 문 쥐를 뱉어 내는 경우는 거의 없어요!

 우리는 음식을 입에 넣은 후 혀로 맛을 봅니다. 하지만 곤충과 같은 작은 동물들은 먹이 위를 걸어다니며 발로 맛을 봅니다. 피자 한 조각 위에 서서 맛보는 모습을 상상해 보세요! 벌의 발은 꽃꿀의 단맛을 감지합니다. 모기는 당신의 몸에 내려앉을 때 당신의 피부를 맛볼 수 있습니다. 하지만 당신의 팔이 쓴맛 나는 벌레 퇴치제로 덮여 있다면, 모기는 발에 있는 미각 수용체로 단박에 알아차리고 한 입 물기도 전에 휙 날아갑니다.

 하지만 가장 특이한 맛보기 방법을 보유한 동물은 뭐니뭐니해도 메기입니다. 이 물고기는 말 그대로 '헤엄치는 혀'입니다! '비늘 없는 피부' 전체에 퍼져 있는 미각 수용체 수천 개를 건드리지 않고 메기를 만지는 것은 매우 어려울걸요? 그리고 당신이 메기를 핥는다면, 당신과 메기는 동시에 서로의 맛을 느낄 거예요.

 존 카프리오John Caprio는 메기를 연구하는 생리학자입니다. 카프리오가 말했죠.

 "만약 내가 메기라면 초콜릿 통에 뛰어드는 걸 좋아할 거예요. 엉덩이로 단맛을 느낄 수 있을 테니까요."

하지만 카프리오는 아마 실망할 거예요. 많은 동물처럼 메기는 단맛을 잘 느끼지 못하니까요.

어라, 많은 동물은 왜 단맛을 느끼지 못하는 거죠?

결론부터 말하자면 동물의 미각은 '무엇을 먹느냐'에 따라 달라집니다. 고양이, 흡혈박쥐, 판다는 단맛을 느끼지 못하는 동물 중 일부입니다. 왜 그럴까요? 고양이는 고기만 먹고, 흡혈박쥐는 피만 먹고, 판다는 대나무만 먹기 때문이에요. 그러니 설탕을 맛볼 필요가 없는 거죠.

다른 맛도 마찬가지입니다. 판다는 대나무만 먹기 때문에 감칠맛을 느낄 필요가 없겠죠. 하지만 판다는 쓴맛을 감지하는 유전자를 추가로 발달시켰습니다. 이건 또 왜 그런 걸까요? 쓴맛은 판다가 씹는 새싹과 잎에 독소가 있을 수 있음을 경고하기 때문이에요.

작은 육식 공룡들도 아마 설탕을 맛보지 못했을 텐데, 그들은 이 특성을 후손인 새들에게 물려주었을 가능성이 높아요. 그래서 오늘날 많은 새가 여전히 단맛을 느끼지 못하지만, 일부는 이 능력을 되찾아 느낄 수 있는 거예요.

초기 명금류(참새아목 passeri에

속하는, 노래하는 조류의 총칭)는 일반적으로 감칠맛을 감지하는 미각 수용체를 설탕을 감지하는 수용체로 변형시켰어요. 벌새들도 마찬가지지만, 일부 종에서는 이 변형된 수용체가 여전히 감칠맛을 감지할 수 있어요. 이는 일부 벌새들이 간장과 사과주스의 차이를 구분하지 못할 수 있음을 의미합니다.

후각과 미각은 모두 화학적 감각이고, 분자를 탐지합니다. 이 두 감각은 다른 감각들과 근본적으로 다른 것처럼 보이지만, 생각만큼 다르지는 않아요.

우리는 1장 앞부분에서 개와 다른 동물들(예: 개미, 뱀, 바닷새 등)이 방향제 수용체를 사용하여 냄새를 탐지한다는 것을 배웠어요. 이 수용체는 세포 표면에 위치하고 있으며, 지나가는 냄새 분자를 포착합니다. 이 과정은 일시적이어서 수용체가 냄새를 탐지한 후에는 분자를 방출하거나 파괴합니다.

하지만 다음 장에서 살펴볼 옵신opsin이라고 불리는 수용체 그룹은 그렇지 않아요. 옵신은 포착한 분자를 붙잡고 있다는 점과 이 분자들이 빛을 흡수한다는 점에서 특별하답니다.

이것이 바로 시각의 기본 원리입니다. 모든 동물은 빛을 흡수하는 '변형된 화학 센서'를 이용하여 세상을 보게 됩니다. 그렇다면 어떤 의미에서 우리는 빛의 냄새를 맡음으로써 세상을 보는 셈이에요.

품새 해설

2장

각각의 눈이 바라보는
수백 개의 우주
빛

하나. 눈의 작동 원리
둘. 이상한 시각들
셋. 어둠 속으로

눈의 작동 원리

나는 지금 깡충거미 jumping spider 한 마리를 응시하고 있어요. 크기는 내 새끼손톱보다 약간 더 크고, 온통 검은색이며, 무릎 부분에 흰색 털이 있어요. 튼튼한 몸통, 큰 머리, 커다란 눈까지…… 음…… 정말 귀엽네요!

대부분의 거미는 진동과 촉감으로 세상을 감지하지만, 깡충거미는 인간과 마찬가지로 뛰어난 시각에 의존합니다. 하지만 깡충거미가 세상을 보는 방식은 인간과 매우 다릅니다.

먼저, 깡충거미는 이상한 방법으로 주변을 둘러봅니다. 각각의 앞 눈은 기다란 대롱 모양인데, 앞에는 **렌즈(수정체)**가 있고 뒤에는 **망막**이 있습니다. 렌즈는 고정되어 있기 때문에 주변을 둘러보기 위해서는 머릿속에서 대롱 전체를 회전시켜야 합니다. 따라서 겉으로 보기에는 눈이 움직이지 않는 것처럼 보이지만, 깡충거미는 실제로 풍경 전체를 확인할 수 있습니다.

거미의 눈과 망원경, 어느 쪽이 먼저일까요?

깡충거미의 각 눈에는 렌즈 두 개가 달려 있는데, 위아래에 각각 하나씩 있습니다. 위쪽 렌즈는 빛을 모으고 초점을 맞추며, 아래쪽 렌즈는 빛을 퍼트립니다. 이 과정은 망막에 도달하기 전의 이미지를 확대하므로, 이 작은 생명체가 소형견만큼 선명하게 세상을 볼 수 있게 해 줍니다. 덕분에, 깡충거미는 맑은 밤에 하늘의 달까지도 쳐다볼 수 있어요!

1609년, 이탈리아의 천문학자·물리학자·공학자인 갈릴레오 갈릴레이는 깡충거미의 눈과 동일한 방식—양쪽 끝에 렌즈가 달린 원통을 사용함—으로 작동하는 망원경을 사용하여 먼 곳의 물체를 관찰하기 시작했습니다. 갈릴레오는 아마도 깨닫지 못했겠지만, 깡충거미의 눈에서 수백만 년 전에 진화한 아이디어를 따라 한 것이나 다름없어요.

사실을 말하자면—놀라지 마세요—깡충거미는 자그마치 네 쌍, 총 여덟 개나 되는 눈을 가지고 있습니다! 두 쌍은 앞을 향하고, 다른 두 쌍은 옆과 뒤를 향합니다. 이로 인해 깡충거미는 거의 모든 방향을 볼 수 있고 유일한 사각지대는 뒤통수 바로 뒤입니다. 따라서 약간의 거리를 두고 등을 돌린 채 서 있는 깡충거미를 내가 쳐다보고 있을 때조차, 그 거미는 나를 똑바로 쳐다보고 있는 거예요.

거미는 각각의 눈 쌍을 다른 용도로 사용합니다. 한가운데에 있는 눈 쌍은 가장 크고 예리하며, 비둘기, 코끼리, 소형견만큼이나 또렷하게 볼 수 있어요. 옆에 있는 눈 쌍은 조금 작지만 움직임에 매우 민감합니다. 그런데 정말 이상한 점은, 옆에 있는 작은 눈 쌍이 가려지면 깡충거미는 움직이는 물체를 볼 수 없다는 거예요. 이걸 상상하기가 참 어렵네요!

이 글을 컴퓨터에 입력하는 동안 내 눈은 화면의 글자에 초점을 맞추고 있지만, 주변에서 반려견 타이포가 거실을 돌아다니며 문젯거리를 찾고 있는 모습을 희미하게나마 볼 수 있습니다. 나는 예리한 시각(눈 앞의 글자에 초점을 맞추는 것)과 움직임 감지(배경에서 돌아다니는 타이포를 감지하는 것)라는 두 가지 기능을 단 한 쌍의 눈으로 수행하기 때문에, 두 가지가 분리될 수 있다는 것을 상상해 본 적이 없어요.

하지만 깡충거미는 이 두 가지 작업을 분리하여 각기 다른 눈 쌍에 할당한 거예요. 이는 중요한 사실을 일깨워 줍니다. 많은 생물들이 우리와 마찬가지로 시각을 보유하지만, 그것을 매우 다른 방식으로 경험한다는 거죠.

인간은 눈이 두 개입니다. 둘 다 머리에 달려 있고, 크기도 똑같고, 앞쪽을 향하고 있죠. 그런데 그 배열이…… 좀 특이해요! 다른 동물들을 둘러보세요. 눈 모양이 제각각이라는 것을 알 수 있을 거예요. 게다가 개수와 크기도 제각각이에요. 개수는 여덟 개일 수도 있고, 수백 개일 수도 있습니다. 대왕오징어 giant squid의 눈은 축구공만큼 큰 반면, 요정벌 fairy wasp의 눈은 아메바 핵만 합니다(아주아주 작다는 뜻이에요).

오징어, 깡충거미, 인간은 모두 빛을 '하나의 렌즈'로 '하나의 망막'에 모으는 눈을 가지고 있어요. 카메라처럼 말이에요. 하지만 곤충과 갑각류의 경우에는 여러 개의 분리된 눈들이 빛을 모으는데, 이것을 겹눈이라고 합니다. 그리고 겹눈은 입, 팔, 갑옷에 나타날 수도 있어요. 인간의 눈이 할 수 있는 모든 일을 할 수 있는가 하면, 그중 몇 가지만 할 수도 있죠.

동물들은 선명한 세부 사항을 볼 수도 있고, 명암이 있는 흐릿한 얼룩만 볼 수도 있습니다. 어둡다고 생각하는 곳에서는 완벽하게 볼 수 있지만, 우리가 밝다고 느끼는 곳에서는 즉시 시각을 잃을 수도 있어요. 우리가 '슬로 모션'이라고 부르는 것처럼 느리게 볼 수도 있고, 두 방향 또는 모든 방향을 동시에 볼 수도 있습니다!

하지만 모든 눈은 동일한 구성 요소를 가지고 있습니다. 깡충거미와 인간을 비롯해 시각을 보유한 다른 동물의 눈 안을 들여다보면 빛을 감지하는 **광수용체** photoreceptor 라는 세포가 있어요. 광수용체는 종마다 다르지만 모두 한 가지 공통점을 가지고 있어요. 바로 **옵신**이라는 단백질을 포함하고 있다는 거예요. 시각을 가진 모든 동물은 옵신을 사용하는데, 이 단백질은 빛을 흡수함으로써 작동합니다. 그런데도 모든 동물의 눈은 왜 제각각일까요? 간단히 말해서, 동물마다 시각을 사용하는 방식이 다르고 그 이유도 다르기 때문이랍니다.

눈의 4단계 진화

생물학자 댄 에릭 닐슨 Dan-Eric Nilsson에 따르면, 눈은 단순한 구조에서 복잡한 구조까지 네 단계를 거쳐 진화했다고 합니다.

첫 번째 단계에서 광수용체는 빛의 존재를 탐지하는 데만 관여합니다. 예컨대 문어, 오징어, 갑오징어는 피부에 광수용체를 가지고 있으며, 이는 놀라운 색 변화 능력을 조절하는 데 도움이 될 수 있습니다.

두 번째 단계에서는 광수용체가 빛을 탐지할 뿐만 아니라 빛이 어느 방향에서 오는지도 알아낼 수 있습니다.

세 번째 단계에서는 이러한 광수용체들이 무리를 지어 나타납니다. 그러면 동물들은 흐릿하고 거친 이미지를 볼 수 있게 되는데, 이것은 주로 은신처를 찾거나 기본적인 형태를 식별하는 데 사용됩니다. 많은 과학자가 이 단계에서 동물이 진정한 시각을 가지고 있다고 생각합니다.

네 번째이자 마지막 단계는 고해상도 시각입니다. 이 단계에서는 수정체가 빛을 집중시켜 시야가 선명해집니다. 포식자는 멀리 있는 먹잇감을 발견할 수 있으며, 반대로 먹잇감도 멀리 있는 포식자를 발견할 수 있습니다.

불가사리는 다섯 개의 팔 끝마다 눈이 있습니다. 이 눈들은 색깔, 세부 사항, 또는 빠른 움직임을 볼 수 없습니다. 하지만 괜찮아요. 위협을 피하거나 은신처를 찾을 수 있도록 커다란 물체를 감지하기만 하면 되잖아요. 그러니 불가사리는 독수리처럼 예리한 시력이 필요하지 않아요. 필요한 것만 보면 되니까 말이에요.

마찬가지로, 영장류는 나뭇가지에 앉은 곤충을 잡기 위해 크고 날카로운 눈을 진화시켰을 거예요. 인간인 우리는 그 예리한 시각을 물려받았고, 사냥, 농사, 독서, 그림 그리기, 얼굴 표정 파악에 사용합니다.

하지만 자만심은 금물이에요. 우리도 필요한 것만 보는 거니까 말이에요. 덧붙이자면, 우리의 눈은 대부분의 다른 동물들이 공유하지 않는 움벨트에 접근할 수 있게 해 줍니다.

불가사리는 다섯 개의 팔 끝마다 눈이 있어요.

현장 속으로

동물: 얼룩말

장소: 사하라 사막 이남 아프리카

얼룩말은 왜 줄무늬를 가지고 있을까? 생물학자들은 오랫동안 이 의문을 품어 왔고, 그 믿음 중 하나는 얼룩말의 줄무늬가 위장용이라는 거였다. 다시 말해서, 포식자의 눈을 속이는 데 도움이 된다는 것이었다. 하지만 과학자 아만다 멜린Amanda Melin과 팀 카로Tim Caro 덕분에 우리는 이제 이것이 사실이 아니라는 것을 안다.

멜린과 카로는 화창한 날 시력이 좋은 사람이 약 200미터(축구장 길이의 두 배에 해당한다) 떨어진 곳에서도 얼룩말의 줄무늬를 알아볼 수 있다는 것을 발견했다. 하지만 사자는 90미터, 하이에나는 50미터 밖

에서만 얼룩말의 줄무늬를 볼 수 있다. 그리고 사자와 하이에나가 주로 사냥하는 새벽과 해 질 녘에는 이 거리가 절반으로 줄어든다. 멜린과 카로는 얼룩말의 줄무늬가 위장 수단이 될 수 없다는 것을 깨달았다. 그도 그럴 것이, 사자와 하이에나는 멀리서 얼룩말을 알아볼 수조차 없기 때문이다. 웬만한 거리에서 줄무늬는 뭉개져서 회색 바탕으로 보일 테니, 사냥하는 사자에게 얼룩말은 대부분 회색 당나귀처럼 보일 것이다.

그렇다면 얼룩말은 왜 줄무늬를 가지고 있을까? 카로는 답을 제시한다. 흡혈파리, 즉 피를 빨아 먹는 파리를 막기 위해서라는 것이다. 아프리카에서 이 해충들은 말에게 치명적인 질병을 옮기며, 특히 얼룩말은 털이 짧아 흡혈파리의 희생양이 될 위험이 높다. 그런데 줄무늬는 알 수 없는 이유로 파리를 혼란스럽게 만들어 착륙 지점을 번번이 놓치게 한다.

그렇다면 인간은 어떻게 그렇게 오랫동안 잘못된 믿음을 가지고 있었을까? 그건 우리가 얼룩말의 줄무늬를 잘못된 시각, 즉 우리의 시각으로 바라보았기 때문이다.

인간의 시력은 동물의 시력에 결코 뒤지지 않아요

시력(시각의 예리함)은 **1도당 주기수** cycle per degree, 즉 **cpd**로 측정됩니다. 팔을 쭉 뻗고 엄지손가락을 치켜세워 보세요. 당신의 엄지손톱은 당신을 둘러싼 360도 중 약 1도의 시각 공간을 나타냅니다. 이제 손톱에 60~70쌍의 가느다란 흑백 줄무늬를 그린다고 상상해 보세요(작은 얼룩말처럼요). 당신의 눈은 여전히 줄무늬를 구분할 수 있을 거예요. 왜냐하면 사람의 시력은 60~70cpd이기 때문이에요.

독수리를 비롯한 맹금류는 인간보다 뛰어난 시력을 가진 유일한 동물입니다(호주의 쐐기꼬리수리wedge-tailed eagle는 현재 138cpd의 기록을 보유하고 있어요). 다른 영장류의 시력도 인간에 근접하는데, 문어(46cpd), 기린(27cpd), 말(25cpd), 치타(23cpd)의 시력도 괜찮은 편이에요. 하지만 사자의 시력은 13cpd에 불과합니다. 인간의 법적 실명 기준은 10cpd인데, 대부분의 동물—모든 조류의 절반, 대부분의 어류, 모든 곤충—의 시력은 이보다 낮습니다. 꿀벌의 시력은 겨우 1cpd이에요!

예리한 눈이 왜 흔하지 않을까요? 모든 것을 다 잘하는 눈은 없어요. 예리함이 증가할수록 '민감도'는 감소하기 마련이에요. 쐐기꼬리수리는 대낮에는 1마일(1.6킬로미터) 떨어진 곳에서도 쥐를 발견할 수 있지만, 해가 지면 예리한 눈이 맥을 못 추게 됩니다(야행성 독수리는 존재하지 않는다는 점을 명심하세요). 사자와 하이에나는 멀리서 얼룩말의 줄무늬를 볼 수 없을지 모르지만, 그들의 눈은 밤에도 얼룩말을 사냥할 만큼 민감하답니다.

많은 동물에게 민감도는 선명도보다 더 중요합니다. 왜 그럴까요? 이유는 간단해요. 우리와 마찬가지로 이 동물들도 '꼭 필요한 것'을 보는 거예요.

이상한 시각들

눈과 시각은 매우 기이할 수 있어요. 발달된 눈이 발달된 동물에게만 있는 것도 아니고, 단순한 눈이 단순한 생물에게만 있는 것도 아니거든요.

여러분이 좋아하는 가리비를 예로 들어 볼게요. 많은 사람들은 가리비가 동물이라는 사실조차 모르는 것 같아요. 그저 버터를 발라 구워 먹는 고깃덩어리로 여길 뿐이죠. 하지만 수산시장에 가서 살아 있는 가리비를 유심히 살펴보세요. 아름다운 부채꼴 모양의 껍데기를 가진 동물임을 알 수 있을 거예요. 그리고 당신은 잘 모르겠지만, 그 동물도 당신을 빤히 쳐다볼 거예요.

가리비 각 반쪽 껍데기의 안쪽 가장자리에는 눈이 점점이 박혀 있습니다. 어떤 종은 수십 개, 어떤 종은 최대 200개까지 있어요! 그리고 이 눈은 기묘하게도 복잡합니다. 각 눈은 작은 동공을 가지고 있으며, 렌즈 대신 망막 두 개에 빛을 모으는 곡면 거울을 가지고 있으니까요. 이러한 구조는 작은 물체를 감지하는 데 충분히 효과적이에요.

하지만 왜 그럴까요? 단순한 가리비에게 왜 그렇게 복잡한 눈이 필요할까요? 가리비는 그런 시각을 도대체 어디에 사용하는 걸까요?

과학자 다니엘 스파이저Daniel Speiser는 그 이유를 알아내기로 결심했습니다. 그래서 '가리비 TV'라는 실험을 생각해 냈어요. 즉, 가리비 껍데기를 작은 의자에 묶고 스크린 앞에 놓은 다음, 작고 떠다니는 입자들의 이미지를 보여 줬어요. 아무리 생각해도 너무나 허접한 설정이라 스파이저조차도 효과가 있을 거라고 생각하지 못했어요. 하지만 효과가 있었어요! 스크린에서 크고 느리게 움직이는 입자들이 떠다니자, 가리비가 꽉 다물고 있던 껍데기를 쩍 벌린 거예요.

하지만 가리비의 시각은 우리의 시각과 전혀 달라요. 우리의 뇌는 두 눈에서 들어오는 중첩된 정보를 결합하여 하나의 장면으로 만드는데, 가리비는 아마도 그렇게 할 수 없을 거예요. 왜냐하면 뇌가 단순해도 너무 단순하거든요. 스파이저의 견해에 따르면, 가리비의 각 눈은 단지 '무언가가 움직이는 것을 보았는지' 여부를 뇌에 알려줄 뿐, '물체의 이미지'를 전송하는 건 아니라고 합니다.

가리비의 뇌가, 동작 감지 카메라에 연결된 100개의 모니터를 감시하는 경비원이라고 상상해 보세요. 문제는 경비원에게 이미지가 전송되지 않는다는 거예요. 그러니 카메라가 무언가를 감지하면 경비원은 여러 개의 깜박이는 경고등만 보게 될 거예요. 다시 말해서, 가리비 눈 하나하나의 해상도가 뛰어나더라도 가리비 자체의 시각은 뛰어나지 않을 수 있어요. 여러분이나 나와 달리, 가리비의 뇌는 '이미지 가득한 영화'를 만들어 내지 않을지도 몰라요. 아무런 장면도 없이 그저 멀뚱멀뚱 쳐다보기만 하는 거죠.

보안 경보기 같은 눈을 가진 동물들

가리비만 이상한 시각을 가진 건 아니에요. '보안 경보기'처럼 작동하는 시각을 가진 동물은 의외로 많아요.

- 군부chiton는 영화 〈스타트렉〉에 나오는 클링온족의 이마처럼 생긴 연체동물이에요. 군부의 몸은 두꺼운 갑옷으로 덮여 있는데, 거기에는 수백 개의 작은 눈이 박혀 있어요.
- 안점꽃갯지렁이fat worm는 울퉁불퉁한 대롱에서 뻗어 나온 화려한 총천연색 깃털 먼지떨이처럼 보입니다. 하지만 사실, 놀랍게도 이 깃털은 눈으로 뒤덮인 촉수입니다.
- 대왕조개giant clam는 아주 큰 조개처럼 보입니다. 지름이 1.2미터까지 자라고, 무게는 자그마치 230킬로그램이 넘을 수도 있으니까요. 그런데 대왕조개의 거대한 껍데기의 외투막, 즉 안쪽 막 가장자리에는 수백 개의 눈이 있답니다.

이 동물들은 모두 움직임과 그림자를 탐지하는 눈을 가지고 있어서, 잠재적인 포식자로부터 자신을 보호해야 할 때를 주인에게 알려 준다는군요. 그럴 때 군부는 바위에 달라붙고, 안점꽃갯지렁이는 깃털을 대롱 속으로 끌어당기며, 대왕조개는 딱 소리를 내며 껍데기를 닫는답니다!

가리비, 군부, 안점꽃갯지렁이, 대왕조개의 시각은, 시각이라기보다는 촉각에 더 가깝다고 볼 수 있어요. 우리의 뇌를 생각해 보세요. 우리가 느끼는 모든 것을 시각적으로 표현하지는 않잖아요. 사실 우리는 대부분의 경우에 이런 감각을 무시합니다. 무언가가 우리를 찌를 때, 또는 우리가 무언가를 만지려고 할 때를 제외하면 말이에요. 그리고 예상치 못한 무언가가 우리를 스쳐 지나가는 것을 느낄 때, 우리는 보통 그것을 바라보기 위해 돌아설 뿐이에요. 가리비의 경우, 시각이 그런 종류의 '단순하고 온몸으로 느끼는 경험'을 제공할지도 모릅니다.

아무리 그렇더라도 의문은 여전히 남아요. 눈에서 입력된 정보를 제대로 처리할 뇌도 없는데, 가리비는 왜 그렇게 복잡한 눈을 가지고 있는 걸까요? 그 이유는 아무도 모릅니다.

어떤 동물들은 눈이 전혀 없는데도 가리비와 비슷한 시각을 가지고 있습니다! 불가사리의 친척인 가늘고 긴 거미불가사리brittle star는 볼 수 있는 게 분명해요. 빛을 피해 재빨리 움직이고, 그늘을 향해 기어가니 말이에요. 심지어 해가 진 후에는 색깔이 변하기도 하죠. 하지만 '눈에 띄는 눈'은 전혀 없습니다. 그 대신 다섯 개의 가늘고 가시 돋친 팔 전체에 광수용체가 있는데, 이것들이 마치 하나의 겹눈처럼 작동합니다!

거미불가사리가 이 모든 것을 어떻게 생각하는지는 어느 누구도 알 수 없습니다. 왜냐하면 가리비와는 달리 이렇다 할 뇌조차 없기 때문이에요. 이런 신기한—눈은 많은데 머리가 없거나, 심지어 뇌도 없는—동물들은, 동물의 시각이 우리의 시각과 달리 얼마나 괴상망측해 보일 수 있는지 보여 줍니다.

새들을 위하여

풍력 에너지는 환경에 매우 좋습니다. 그래서 흔히 '환경친화적'이라고 하죠. 하지만 독수리, 흰머리수리를 비롯한 대형 맹금류들은 종종 풍력 터빈에 정면충돌하여 사망합니다. 앞에서 살펴본 것처럼, 이 새들은 예리한 시각을 가지고 있는 것으로 유명해요. 그런데 어떻게 거대한 터빈을 보지 못하는 걸까요?

독수리의 **시야**는 머리 양쪽으로 넓게 펼쳐져 있어서, 몸을 돌리지 않고도 바로 옆에서 날고 있는 다른 독수리들을 볼 수 있어요. 하지만 '머리 바로 위'에 큰 맹점이 있는데, 이게 문제입니다. 하늘 높이 날아올라 땅 위의 먹이를 찾을 때, 머리를 아래로 숙이면 맹점이 '바로 앞'에 위치하게 되니 말이에요. 독수리를 비롯한 새들이 풍력 터빈에 충돌하는 것은 바로 이 때문이에요. 하늘을 날며 먹이를 찾는 동안에는 바로 앞에 있는 것을 볼 겨를이 없거든요. 그러니 아차 하는 순간에 풍력 터빈을 정면으로 들이받을 수밖에요!

우리와 더 비슷한 동물들 사이에도 큰 차이가 있습니다. 우리의 눈은 앞을 향하고 있기 때문에 시야, 즉 우리가 실제로 볼 수 있는 주변 영역은 항상 정면이에요. 하지만 올빼미를 제외한 대부분의 새는 머리 양쪽에 눈이 있어서 시야가 넓게 펼쳐집니다.

호수 표면에 앉아 있는 청둥오리는 움직이지 않고도 하늘 전체를 볼 수 있어요. 왜가리는 부리를 정면으로 향하게 한 채 똑바로 서서, 발 근처에서 헤엄치는 물고기를 볼 수 있어요. 날아가는 까마귀는 자신을 향해 다가오는 세상을 보지만, 동시에 자신에게서 멀어지는 세상도 봅니다. 틱톡에서, 수컷 청란argus pheasant이 암컷에게 눈부신 깃털을 과시하는데, 암컷은 그 모습을 보는 둥 마는 둥 곁눈질하는 것처럼 보여서, 화제가 된 동영상이 있습니다. 시청자들은 암컷의 무관심에 웃음을 터뜨렸는데, 사실은 암컷이 특수한 시각(측면 시각)을 이용해 수컷을 바라보고 있다는 것을 깨닫지 못했기 때문이에요!

우리는 종종 '높은 곳에서 내려다본 모든 풍경'을 표현하기 위해 '조감도'라는 단어를 사용합니다. 조감도bird's-eye view를 문자 그대로 해석하면 '새가 높은 하늘에서 아래를 내려다본 것과 같은 그림'이에요. 하지만 새의 시야는 단순히 사람의 시야를 높인 것이 아니에요. 전혀 다른 관점입니다.

다른 동물들도 마찬가지입니다. 소는 시선이 거의 고정되어 있으며, 당신을 쳐다보려고 몸을 돌리는 경우가 별로 없습니다. 왜 그럴까요? 그건 무심해서가 아니라, 그럴 필요가 없기 때문이에요. 소의 시야는 지평선 전체를 한 번에 포착한답니다. 그러므로 소는 당신이 앞에서 다가오는 모습, 개가 뒤에서 다가오는 모습, 옆에 서 있는 다른 소의 모습을 모두 볼 수 있습니다. 주변을 둘러보는 것은 인간이 늘 하는 행동이지만, 동물 세계에서는 시야가 좁을 때만 하는 행동입니다.

카멜레온은 두 눈이 따로 놀기 때문에 주변을 둘러보기 위해 고개를 돌릴 필요가 없습니다. 앞뒤를 동시에 볼 수 있고, 반대 방향으로 움직이는 두 개의 표적을 동시에 추적할 수도 있어요.

'네 눈 물고기'라고도 불리는 아나블렙스 아나블렙스 *Anableps anableps*가 있습니다. 이 물고기는 남아메리카의 강 표면에 서식하는데, 눈이 두 부분으로 나뉘어 있어요. 윗부분은 물 밖으로 나와 공중을 볼 수 있고, 아랫부분은 물속에서 수면 아래를 볼 수 있습니다.

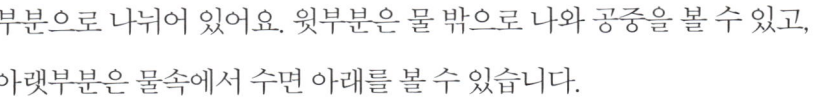

자연계에서 가장 기이한 시야는 아마도 심해 갑각류인 스트레에트시아 칼렝게리*Streetsia challengeri*일 거예요. 이 동물의 눈은 마치 콘도그(핫도그의 변형된 형태)처럼 생긴 하나의 수평 관에 융합되어 있습니다. 덕분에 관 주변의 모든 방향인 위아래와 양옆을 볼 수 있지만, 안타깝게도 앞이나 뒤는 볼 수 없습니다.

새, 카멜레온, 심지어 소처럼 보는 것이 어떤 것인지 상상하는 것은 거의 불가능합니다. 하지만 가리비의 경우처럼, 촉각에 대해 생각해 보면 도움이 될 거예요. 내 경우를 말하자면 두피, 발, 가슴, 허리의 피부 감각을 동시에 느낄 수 있어요. 그러므로 열심히 노력하면, 시야를 모든 방향으로 동시에 확장하는 것이 어떤 것인지도 상상할 수 있을 거예요. 어떤 동물들에게는 시각이 정확히 그런 역할을 하는 것 같아요.

분노의 질주

지중해에 서식하는 킬러 파리 *Coenosia attenuata*는 평범한 집파리처럼 보이지만, 다른 곤충들을 사냥하는 치명적인 사냥꾼입니다. 대부분의 집파리는 액체를 빨아들이기 위해 스펀지처럼 생긴 입을 가지고 있는 반면, 킬러 파리는 먹잇감의 살을 찌르고 긁어내기 위해 단검 같은 입을 가지고 있어요. 킬러 파리는 이 입을 이용해, 먹이가 아직 살아 있는 동안 몸통을 꿰뚫고 살을 파내어 빈 껍데기만 남긴답니다. 게다가 이 과제를 엄청난 속도로 수행합니다. 당신이 눈을 깜빡이는 사이에 먹이를 쫓아가 해치울 수 있어요.

과학자 팔로마 곤살레스-벨리도Paloma Gonzalez-Bellido는 이러한 초고속 사냥이 초고속 시각에 의해 이루어진다는 것을 보여 주었어요. 우주에서 가장 빠른 것은 빛인데, 보는 속도가 동물마다 다르다는 게 이상하게 보일지 모르겠어요. 하지만 눈은 빛의 속도로 작동하지 않습니다. 광수용체가 광자(미세한 빛 입자)에 반응하여 뇌로 신호를 보내는 데는 시간이 걸리기 때문이에요. 그리고 킬러 파리의 눈에서, 이 과정은 사람의 눈에서보다 훨씬 빠르게 일어납니다. 따라서 우리에게 빠르게 보이는 것들이 킬러 파리에게는 매우 느리게 보일 거예요. 우리가 즐겨 보는 영화가 슬로 모션처럼 보일 테니, 파리채나 사람의 손을 피하는 건 식은 죽 먹기일 거예요.

그렇다면 연구자들은 킬러 파리를 어떻게 연구할까요? 곤살레스-벨리도는 간단한 비법을 가지고 있대요. 유리병을 들고 아주 천천히 그들에게 다가가는 거예요. 곤살레스-벨리도가 이렇게 말했습니다.

"충분히 느리면, 나는 그저 배경의 일부로 간주될 뿐이에요."

셋

어둠 속으로

어둠 속의 눈

동물의 눈은 놀라운 방식으로 어둠에 적응했어요. 세 가지만 간단히 살펴볼게요!

- 고양이, 사슴, 다른 많은 포유류는 눈에 휘판tapetum이라는 반사층을 가지고 있어요. 이것은 망막 뒤에 위치하며, 광수용체를 통과한 빛을 반사합니다. 휘판 덕분에, 광수용체 세포는 처음에 놓친 광자를 다시 모을 기회를 얻을 수 있어요.
- 거대한 눈: 안경원숭이tarsier(영화 <그렘린>에 나오는 작은 영장류)는 뇌보다도 더 큰 눈을 가지고 있어요.
- 아예 눈을 잃을 수도 있어요: 눈먼 동굴어cavefish는 눈을 완전히 잃었고 다른 감각을 사용하여 어두운 세상을 헤쳐 나갑니다.

바다에 뛰어드는 것은 지구상에서 가장 넓은 서식지를 탐험하는 것과 같으며, 그 공간의 대부분은 칠흑같이 어둡습니다. 잠

수정을 타고 바닷속으로 들어간다면, 수면을 통해 들어오는 햇빛이 깊이 들어갈수록 점점 더 약해진다는 것을 알 수 있을 거예요. 수심 약 850미터 지점에서는 빛이 너무 적어서 눈이 제대로 작동하지 않을 것입니다. 자체 발광하는 바다 생물들의 작은 반짝임을 제외하면 거의 완전히 어두울 거예요. 그리고 당신이 세계 어느 곳에 있느냐에 따라, 약 1만 미터를 더 내려가야 해저에 닿을 수 있어요.

심해가 그렇게 어두우면 그곳에 사는 생물들은 어떻게 볼 수 있을까요? 많은 심해 동물이 태양 대신 체내 화학 반응을 이용해 생물 발광 bioluminescene을 합니다. 생물 발광은 금시초문이라고요? 반딧불이가 밤하늘을 밝히는 것을 본 적이 있다면, 생물 발광이 실제로 일어나는 것을 본 거예요. 수중에서는 플랑크톤, 해파리, 많은 물고기가 생물 발광을 합니다. 지구상에서 가장 크고 민감한 눈을 가진 심해 동물인 대왕오징어가 진화한 것도 바로 생물 발광 때문이에요.

대왕오징어는 최대 12미터까지 자랄 수 있는 '신화 속 동물' 같은 존재입니다. 눈 크기도 축구공만 하고, 다른 어떤 바닷속 생물의 눈보다도 훨씬 큽니다. 이 분야의 2인자인 대왕고래 blue whale의 눈 크기는 대왕오징어 눈의 절반도 되지 않습니다.

캄캄한 바닷속에서 왜 이렇게 큰 눈이 필요한 걸까요? 대왕오징어가 꼭 봐야만 하는, 웬만큼 큰 눈으로는 볼 수 없는 존재라도 있는 걸까요? 맞아요. 과학자들의 조사에서, 이 초대형 눈은 어두컴컴한 바닷속에서 딱 하나의 존재, 즉 향유고래 sperm whale를 발견하는 데 아주 효과적인 것으로 밝혀졌어요.

향유고래는 대왕오징어의 숙명적 라이벌로, 외나무다리에서 만날 경우 목숨을 장담할 수 없습니다. 때로 엎치락뒤치락하다가 향유고래가 대왕오징어를 잡아먹기도 한다니까요.

향유고래는 스스로 빛을 내지 않지만, 헤엄칠 때 작은 발광 생물과 부딪히면서 눈에 띄는 빛을 냅니다. 대왕오징어는 거대한 눈을 사용하여, 약 130미터 떨어진 곳에서도 이 반짝이는 빛 구름을 발견하고 일찌감치 피해갈 수 있다는군요. 그들은 아마도, 돌진하는 고래의 반짝이는 윤곽을 포착하기 위해 현존하는 가장 큰 눈을 진화시켜야 했을 거예요!

대왕오징어는 여기까지 이야기하고 다른 생물로 넘어가기로 해요. 많은 생물들은 눈앞의 물체조차 보이지 않는 짙은 어둠 속에서도 완벽하게 볼 수 있어요. 어떤 생물들은 심지어 어둠 속에서 색깔을 볼 수도 있답니다! 밤이 되면 세상은 **단색**으로 변해 검은색과 회색 음영만 보입니다. 이는 우리 눈에 **원뿔세포**와 **막대세포**라는 두 가지 유형의 광수용체가 있기 때문이에요. 원뿔세포는 우리가 색깔을 볼 수 있게 해 주지만, 밝은 빛에서만 작동합니다. 어둠 속에서는 더 민감한 막대세포가 작동하여 낮의 '색깔'이 밤의 '검은색과 회색'으로 대체됩니다.

하지만 모든 동물에게 이런 일이 일어나는 것은 아니에요. 희미한 별빛 아래에서도 분홍색과 올리브색을 띠는 아름다운 곤충인 주홍박각시elephant hawkmoth는 여러 꽃을 구별할 만큼 색깔을 잘 볼 수 있습니다. 그리고 그 색깔들은 우리가 보는 색깔과는 매우 다를 가능성이 높아요.

대왕오징어의 초대형 눈은 숙명적 라이벌인 향유고래를 멀리서 발견하고 일찌감치 피해 가기 위한 거랍니다.

다음 장에서는 인간의 눈으로는 결코 경험할 수 없는 무지개의 색깔, 색조, 음영에 대해 더 자세히 알아보자고요.

品茶

색각의 원리

오랫동안 많은 사람들은 개가 색맹이라고 믿어 왔습니다. 심지어 과학자들도 그렇게 믿었죠. 하지만 개는 색을 볼 수 있습니다. 다만 '볼 수 있는 색깔'의 범위가 대부분의 사람들보다 좁을 뿐이죠. 대부분의 다른 동물들도 마찬가지입니다.

이를 더 잘 이해하려면 먼저 색이 무엇인지, 동물들이 어떻게 색을 보는지, 색을 왜 보는지 이해해야 합니다. 색각color vision, 즉 색깔을 식별하는 감각은 이해하기 어려울 수 있지만, 내 말을 잘 들어 보세요. 새, 나비, 꽃을 이해하려면 세부적인 내용도 좀 알아야 하거든요. 예컨대 꽃을 제대로 감상하려면, 먼저 풀숲에서 시간을 보내며 이모저모로 살펴봐야 합니다.

빛은 파동wave과 마찬가지로 직선으로 이동합니다. 각 파동 사이의 거리를 파장wavelength이라고 합니다. 사람의 눈은 보라색으로 보이는 400나노미터에서 빨간색으로 보이는 700나노미터 사이의 특정 범위에 속하는 파장만 탐지할 수 있습니다. 이것이 바로 가시광선visible light의 스펙트럼, 즉 무지개입니다.

우리가 무지개를 인식하는 능력은 눈에 있는 세 종류의 원뿔세포에 달려 있는데, 이 세포들은 각각 다른 파장의 빛에 특히 민감합니다. 이 세포들은 긴 원뿔세포, 중간 원뿔세포, 짧은 원뿔세포라고 부릅니다. 또는 더 일반적으로는 빨간색 원뿔세포, 초록색 원뿔세포, 파란색 원뿔세포라고도 불립니다. 빛이 루비에 반사되어 눈에 들어오면 중간(초록색) 원뿔세포와 짧은(파란색) 원뿔세포보다 긴(빨간색) 원뿔세포가 더 많이 자극됩니다. 그 결과, 우리는 빨간색을 보게 되는 거예요.

색각은 단순히 파장을 탐지하는 데 그치지 않습니다. 탐지된 파장들을 비교하는 것도 중요합니다. 세 가지 원뿔세포가 보내는 신호는 **뉴런**의 네트워크를 통해 비교됩니다. 즉, 뉴런은 원뿔세포에서 나오는 신호를 더하거나 뺍니다. 마치 수학 문제를 풀듯이 말이에요. 우리의 뇌는 이렇게 얻은 답을 바탕으로 다양한 색깔을 인식합니다. 우리가 세 개의 원뿔세포만으로 찬란한 무지개 색깔을 보는 것은 바로 이 때문이에요.

그러므로 색깔은 우리의 마음이 만들어 내는 것입니다. 풀잎이나 풀잎이 반사하는 550나노미터의 빛에 '초록색'이라는 꼬리표 따위는 없습니다. 초록색에 대한 감각을 생성하는 것은 우리의 광수용체, 뉴런, 뇌입니다. 색은 사실, 보는 사람의 눈과 뇌에 존재하는 거랍니다.

흑백 세상

많은 동물들은 색깔을 전혀 보지 못합니다. 그들에게 세상은 검은색, 흰색, 또는 회색 음영으로만 보입니다. 그래서 이들을 **단색형 색각자**

monochromat라고 합니다. 나무늘보나 아르마딜로처럼 눈에 막대세포만 있는 동물도 있습니다. 2장에서 언급했듯이, 막대세포는 어두운 곳에서 잘 작동하지만 색을 잘 감지하지는 못합니다. 너구리, 상어, 고래와 같은 동물들은 원뿔세포가 있지만, 겨우 하나밖에 없습니다. 색각은 원뿔세포들이 보내는 신호를 비교하는 데 의존하기 때문에, 원뿔세포가 하나만 있다는 것은 원뿔세포가 전혀 없는 것이나 마찬가지입니다. 따라서 상어와 고래에게 바다는 파랗게 보이지 않습니다. 우리는 다채로운 것을 좋아하기 때문에, 색각이 있는 것이 없는 것보다 당연히 더 낫다고 생각하기 쉽습니다. 하지만 많은 동물들은 세상이 흑백으로 보이는 시각을 갖고서도 얼마든지 잘 살아갑니다.

가장 단순한 색각은 두 종류의 원뿔세포가 담당합니다. 이를 **이색형 색각**dichromacy이라고 합니다. 우리 집 웰시코기 타이포와 다른 반려견들이 가지고 있는 색각이죠.

개는 긴 황록색 원뿔세포와 짧은 청보라색 원뿔세포를 가지고 있습니다. 그러므로 주로 파란색, 노란색, 회색 계열의 색조를 봅니다. 타이포가 빨간색과 보라색이 섞인 장난감을 볼 때, 빨간색은 진흙탕 노란색으로, 보라색은 진한 파란색으로 보일 거예요.

말도 이색형 색각자입니다. 즉, 말은 경마장에서 장애물을 강조하는 데 사용되는 주황색 표시를 식별하는 데 어려움을 겪습니다. 삼색형 색각을 가진 대부분의 사람은 이러한 표시를 쉽게 알아볼 수 있지만,

말의 눈에는 배경과 뒤섞여 구별되지 않을 거예요. 그러므로 만약 말의 시각에 맞춰 경마장을 설계한다면, 장애물을 밝은 노란색, 밝은 파란색, 또는 흰색으로 칠하는 것이 좋겠어요.

사실 대부분의 포유류는 이색형 색각자입니다. 하지만 수천만 년 전 아프리카에 살던 원숭이 중 일부는 세 번째 유형의 원뿔세포를 진화시켰어요. 이로 인해 이들은 **삼색형 색각자**trichromat가 되었고, 대부분의 포유류보다 100배나 많은 색깔을 볼 수 있게 되었죠. 이러한 능력 덕분에 이들은 초록색 잎사귀에 가려진 빨간색, 주황색, 노란색 과일과 잎을 더 쉽게 찾아 먹을 수 있게 되었어요. 그리고 이 원숭이 무리가 인류의 조상이 되었기 때문에 대부분의 인간도 삼색형 색각자인 거예요.

하지만 개나 말이 볼 수 없는 많은 색깔을 볼 수 있음에도 불구하고, 우리가 결코 볼 수 없는 색깔도 있습니다.

이색형 색각자를 배려합시다

'색맹'인 사람 중 대부분은 이색형 색각자입니다. 즉, 그들의 눈에는 일반적인 세 가지 원뿔세포 중 하나가 없습니다. 그래서 그들은 색을 볼 수 있지만, 삼색형 색각자보다 좁은 범위의 색을 봅니다. 따라서, 색맹인 사람들은 신호등, 전선, 페인트 견본을 보고 혼란스러워할 수 있어요. 포장지에 적힌 글씨를 읽거나, 스포츠 팀 유니폼을 구분하거나, 무지개 그리기와 같은 학교 과제를 수행하는 데 어려움을 겪을 수도 있고요. 어떤 나라에서는 비행기 조종, 군 입대, 심지어 운전조차 금지될 수 있습니다. 하지만 색맹이 장애로 간주되어서는 안 됩니다. 만약 이색형 색각자를 배려하여 세상을 설계한다면, 색맹은 더 이상 장애가 아닐 거예요.

자외선 시각

1880년대에 존 러벅John Lubbock이라는 사람이 한 가지 중요한 실험을 했습니다. 러벅은 프리즘으로 광선을 분해한 다음, 거기서 나온 무지개를 개미 몇 마리에게 비췄어요. 그러자 개미들은 빛으로부터 도망쳤습니다. 하지만 그게 전부가 아니었어요. 러벅은 무지개의 보라색 끝 바로 너머에서도 개미들이 도망치는 것을 발견했거든요. 러벅에게는 이 영역이 어둡게 보였지만, 개미들에게는 어둡지 않은 게 분명했습니다. 왜 그랬을까요? **자외선** ultraviolet(라틴어로 '보라색 너머'라는 뜻)에 둘러싸여 있었기 때문이에요.

자외선(UV)의 파장은 10~400나노미터입니다. 인간의 시각은 400~700나노미터의 파장을 가진 빛에 반응하기 때문에 대부분의 자외선은 탐지할 수 없습니다. 과학자들은 오랫동안 대부분의 다른 동물들도 자외선을 볼 수 없을 거라고 생각했어요.

하지만 이제 우리는 개미가 특별한 존재가 아니라는 것을 알고 있습니다. 과학자들은 벌을 비롯한 곤충, 조류, 파충류, 어류, 많은 포유류에게서 자외선 시각을 발견했어요. 그럼에도 불구하고 자존심 강한 과학자들은 오랫동안 이런 능력이 드물다고 믿고 싶어 했습니다.

그러나 사실은 정반대였습니다. 색을 볼 수 있는 동물 중 대부분이 자외선을 볼 수 있는 것으로 밝혀졌어요. 그렇다면 그들이 정상이고 우리가 괴짜라고 할 수 있겠네요.

모네의 마법 같은 눈

우리의 수정체는 일반적으로 자외선을 차단하지만, 수술이나 사고로 수정체를 잃은 사람들은 자외선을 '희끄무레한 파란색'으로 감지할 수 있습니다. 82세에 백내장으로 왼쪽 수정체를 잃은 인상파 화가 클로드 모네Claude Monet가 바로 그런 경험을 했습니다. 모네는 수련에서 반사되는 자외선을 보기 시작했고, 수련을 흰색 대신 희끄무레한 파란색으로 그리기 시작했습니다.

자외선 시각은 매우 흔해서, 자연의 많은 부분이 동물들에게는 다르게 보일 거예요. 물은 자외선을 산란시켜 자외선 안개를 만들고, 물고기는 이 안개 속에서 자외선을 흡수하는 플랑크톤을 더 쉽게 볼 수 있습니다. 설치류는 자외선이 풍부한 하늘을 배경 삼아 새의 어두운 형체를 쉽게 볼 수 있습니다. 순록은 자외선을 반사하는 눈으로 덮인 언덕에서 자외선을 거의 반사하지 않는 이끼를 빠르게 알아볼 수 있습니다. 이 외에도 여러 가지 예를 들 수 있어요.

못 믿겠다는 듯 고개를 갸웃거리는 분들을 위해 좀 더 이야기해 볼

우리는 볼 수 없지만(왼쪽), 벌들은 모든 꽃의 한복판에 있는
선명한 자외선 무늬를 볼 수 있어요(오른쪽).

게요. 사람들의 눈에, 해바라기, 금잔화, 검은눈천인국black-eyed Susan
과 같은 많은 꽃들은 단색으로 보입니다. 하지만 벌을 비롯한 꽃가루
매개자들은 특별한 색각을 가지고 있어서, 꽃의 한복판에 있는 과녁의
중심처럼 생긴 선명한 자외선 무늬를 볼 수 있어요. 일반적으로 이 무
늬는 벌과 곤충에게 꽃꿀의 위치를 알려 주는 역할을 한답니다.

물고기들도 비밀스러운 자외선 무늬를 사용하여 서로 의사소통을
합니다. 물이 자외선을 산란시키기 때문에, 멀리서 먹잇감을 찾아야
하는 포식성 물고기는 보통 자외선을 볼 수 없어요. 먹잇감이 되는 물
고기는 이 점을 역이용합니다. 중앙아메리카의 강에 서식하는 검상꼬
리송사리swordtail는 우리에게는 단조로워 보일 수 있지만, 일부 검상
꼬리송사리 종의 수컷은 옆구리와 꼬리에 자외선 줄무늬가 있어요. 이
무늬는 암컷을 유혹하는 데 사용되지만, 대부분의 포식자에게는 보이

지 않습니다.

많은 새가 깃털에 자외선 무늬를 가지고 있습니다. 인간의 눈에는 제비, 울새, 흉내지빠귀 등의 많은 명금류가 수컷이든 암컷이든 똑같이 보입니다. 하지만 자외선 무늬 덕분에, 그들의 눈에는 수컷과 암컷이 실제로 매우 다르게 보일 거예요.

대부분의 새는 네 가지 유형의 원뿔세포를 가지고 있으며, 이 세포들은 각각 빨간색, 초록색, 파란색, 보라색이나 자외선에 가장 민감합니다. 요컨대 새들은 **사색형 색각자**라서, 우리가 볼 수 없는 다양한 색깔을 볼 수 있습니다.

과학자 캐시 스토더드Cassie Stoddard는 한 실험에서, 넓적꼬리벌새broad-tailed hummingbird들을 '사색형 색각자만이 구별할 수 있는 색깔의 빛을 뿜어내는 특수 조명등' 근처에 놓인 모이통으로 유인함으로써 이를 증명했습니다. 삼색형 색각자인 스토더드의 눈에는 똑같아 보이는 특수한 색깔을, 벌새들은 빠르게 구별할 수 있는 것으로 밝혀졌답니다.

벌새의 색각을 단순히 '인간의 색각 + 자외선'이라고 생각하면 오산이에요. 사색형 색각을 가진 벌새는 우리보다 100배나 많은 색을 인지할 수 있으며, 완전히 새로운 차원의 무지개를 볼 수 있을 테니 말이에요. 쉽게 말해서, 인간의 색각은 삼각형이라고 생각할 수 있어요. 삼각형의 세 꼭짓점은 우리의 원뿔세포인 빨간색, 초록색, 파란색이고요. 우리가 볼 수 있는 모든 색은 이 세 가지 색의 혼합이며, 각 색은 삼각형 안의 한 점으로 나타낼 수 있어요.

하지만 벌새의 색각은 2차원 삼각형을 초월하며, 네 꼭짓점이 네 개의 원뿔세포를 나타내는 3차원 피라미드와 비슷합니다. 인간의 눈이 볼 수 있는 색의 범위는 피라미드 내부와 한 면만 덮을 정도입니다. 피라미드 내부와 나머지 면의 색은 대부분의 사람에게는 보이지 않습니다.

만약 빨간색 원뿔세포와 파란색 원뿔세포가 동시에 자극된다면, 우리는 무지개에는 존재하지 않는 자주색purple을 보게 됩니다. 보라색과는 다른 색입니다. 이런 식으로 혼합된 색을 **비분광색**nonspectral이라고 합니다. 가시광선의 스펙트럼, 즉 무지개에 없는 색이죠. 벌새는 네 개의 원뿔세포를 가지고 있기 때문에 우리보다 훨씬 더 많은 비분광색을 볼 수 있습니다. 이 색깔에는 UV 빨간색, UV 초록색, UV 노란색, 그리고 아마도 UV 자주색이 포함됩니다. 재미 삼아 이 색들을 각각 적자주색rurple(red + purple), 녹자주색grurple(green + purple), 황자주색yurple(yellow + purple), 자주외색uvurple(uv + purple)이라고 부르기로 해요.

이러한 비분광색과 그것들의 음영은 자연계의 식물과 깃털에서 발견되는 색의 약 3분의 1을 차지합니다. 이 색들은 모두 우리가 볼 수 없는 색입니다. 하지만 새의 눈에는, 초원과 숲이 녹자주색과 황자주색으로 가득 차 있는 것으로 보일 거예요.

새가 유일한 사색형 색각자는 아니에요. 파충류, 곤충, 금붕어를 포함한 민물고기도 네 개의 원뿔세포를 가지고 있어요. 심지어 공룡도 사색형 색각자였을 가능성이 높아요!

새 또는 공룡의 색각보다는 개의 색각을 상상하는 것이 훨씬 쉬울 거예요. 특정 색상을 제거하여 이색형 색각을 시뮬레이션하는 앱이 나와 있으니까요. 심지어 우리의 빨간색, 초록색, 파란색을 벌의 파란색, 초록색, UV 색으로 바꿔서, 벌의 삼색형 색각을 시뮬레이션할 수도 있어요. 하지만 아무리 노력해도, 새 깃털의 적자주색과 녹자주색을 인간의 눈으로 볼 수 있는 색깔로 바꿀 방법은 없습니다. 우리는 그저 새들이 뭘 보는지 상상할 수 있을 뿐이에요. 까다롭게 느껴질지 모르지만, 이건 그저 시작일 뿐이에요. 이보다 훨씬 더 기묘한 색각을 가진 동물들도 있으니 말이에요.

극소수의 특별한 여성들

대부분의 인간은 세 종류의 원뿔세포를 가진 삼색형 색각자이고 일부는 이색형 색각자이지만, 네 개의 원뿔세포를 가진 사색형 색각자도 있습니다. 이들은 대개 여성인데, 그 이유는 긴 원뿔세포(L)와 중간 원뿔세포(M)를 코딩하는 유전자가 'X 염색체'에 있기 때문입니다. 대부분의 여성은 X 염색체가 두 개이므로, 각 유전자의 약간 다른 두 가지 버전을 물려받을 수 있습니다. 따라서 이들은 서로 다른 파장에 맞춰진 네 종류의 옵신을 갖게 됩니다.

여덟 명 중 약 한 명의 여성이 이러한 패턴을 보이지만, 대부분은 사색형 색각자가 아닙니다. 사색형 색각자가 되기 위해서는 네 번째 원뿔세포가 매우 특정한 파장의 빛에 민감해야 하고, 망막의 정확한 위치에 있어야 하기 때문입니다.

이러한 조합은 매우 드물기 때문에 네 개의 원뿔세포를 가진 여성 중 진정한 사색형 색각자는 극소수입니다. 영국 과학자들은 인구 약 6700만 명인 영국에서 이러한 능력을 가진 사람이 약 48,000명(약 0.7퍼센트)이라고 추정합니다. 그에 더하여, 여성들은 자신의 시각이 특별하다는 사실을 깨닫지 못했을 가능성이 높아요. 그러니 이런 여성들을 찾아내는 것은 그야말로 하늘의 별 따기일 거예요. 설사 우연한 기회에 자신의 특별한 능력을 알았더라도, 그런 여성을 찾아내기는 여전히 어려울 거예요. 색맹인 사람들이 단조로운 색깔로 삶을 채우지 않듯이, 그 여성들도 화려한 옷을 입고 다니지 않을 테니까요.

게다가 우리 모두는 자신이 보는 색깔을 당연하게 여깁니다. 각자 자신의 망막과 뇌를 통해 세상을 바라보니 그럴 수밖에요. 다른 사람의 눈으로 볼 수 없다면, 우리의 시각이 다르다는 사실조차 모를 거예요. 요컨대 우리는 각자 자신만의 움벨트에 갇혀 있는 거랍니다.

셋

본다는 것의 의미

나는 지금 갯가재mantis shrimp 한 마리의 눈을 바라보고 있어요. 눈이 두 개 있는데, 마치 파란색 호일에 싸인 분홍색 머핀처럼 보여요. 그리고 그것은 갯가재 머리 꼭대기의 흔들리는 줄기 끝에 자리 잡고 있어요.

갯가재는 지구상에서 가장 기이한 눈을 가지고 있으며, 다른 어떤 동물도 할 수 없는 방식으로 색을 봅니다. 갯가재의 움벨트는, 이 책에서 지금까지 만난 모든 생물 중에서 가장 상상하기 어려울 거예요.

갯가재는 해양 갑각류입니다. 입에 다리가 달려 있다고 해서, 구각류stomatopod라고도 불러요. 다른 갑각류와 마찬가지로 겹눈을 가지고 있는데, 이것은 수많은 개별적 집광 단위lightgathering unit—빛을 모으는 기본 단위—로 구성됩니다. 하지만 독특하게도, 각각의 겹눈은 상중하 세 부분으로 나뉩니다. 즉, 위아래에 하나씩 두 개의 반구hemisphere가 있고, 중간대midband—지구의 중심을 둘러싸고 있는 열대 지방을 생각해 보세요— 하나가 그 사이를 가로지르고 있어요.

과학자 저스틴 마셜Justin Marshall이 갯가재 연구를 시작했을 때만 해도, 갑각류는 색맹으로 여겨졌어요. 하지만 현미경으로 딱 한 번 들

여다보고, 마셜은 놀라운 사실을 발견했어요. 빨간색·노란색·주황색·보라색·분홍색·파란색의 얼룩이 갯가재 눈의 중간대를 덮고 있었던 거예요. 마셜은 그게 갯가재가 볼 수 있다는 것을 시사하는 결정적 증거라는 것을 단박에 알아차렸어요.

현장 속으로

동물: 보라색 반점 갯가재 purple spot mantis shrimp
장소: 호주 브리즈번

"**손**가락을 거기에 넣어 보세요. 한 방 맞을 테니. 어서요."
연구원 에이미 스트리츠 Amy Streets가 말한다.

나는 심호흡을 한 번 한 뒤, 앞에 놓여 있는 작은 수조에 새끼손가락을 집어넣는다. 거의 즉시 5센티미터 길이의 갯가재가 튀어나와, 초록색 섬광을 번뜩이며 나를 공격한다. 요란한 딸깍 소리가 들리고, 나는 손가락에 날카로운 통증을 느낀다.

"아야!"

눈만으로도 충분히 흥미로운데, 갯가재의 펀치 또한 놀랄 만하다. 이 작은 생물은 세상에서 가장 빠르고 강력한 펀치를 날린다! 갯가재가 휘두르는 곤봉은 수중에서 시속 80킬로미터의 속도에 도달할 수 있다. 총알만큼이나 빠른 속도다. 수족관에서 나온 갯가재의 펀치는 게의 껍데기를 산산조각 내고, 수족관 벽을 부수며, 작은 동물의 살과 뼈를 관통할 수 있다.

공작갯가재
peacock mantis shrimp는 광수용체를 열두 개 가지고 있는데, 그중 네 개가 자외선을 탐지하는 데 사용된다.

개의 눈에는 두 종류의 광수용체(원뿔세포)가 있고, 사람은 대부분 세 종류, 새는 네 종류라는 사실을 기억하나요? 마셜은 갯가재가 열두 종류의 광수용체를 가지고 있다는 것을 발견했어요! 그중 네 가지가 자외선 탐지에만 사용되므로, 자외선 스펙트럼만 담당하는 광수용체가 우리 인간의 모든 광수용체보다 더 많다는 뜻이에요. 그렇게 많다니…… 기가 막혀서 말이 안 나오네요.

갯가재는 이렇게 많은 광수용체로 뭘 하는 걸까요? 상상을 초월하는 12차원의 색각을 가지고 있는 걸까요? 아니면 다른 이유가 있는 걸까요? 아마도 다른 이유가 있을 거예요.

마셜의 동료인 한나 토엔Hanna Thoen은 갯가재가 이렇게 많은 종류의 광수용체를 가지고 있음에도 불구하고, 색깔을 구분하는 능력이 매우 떨어진다는 것을 발견했어요. 심지어 우리 눈에는 확연히 다르게 보이는 색깔도 구분하지 못한다는군요. 사실, 갯가재는 인간, 벌, 나비, 금붕어를 포함하여 실험에 사용된 다른 어떤 동물보다도 색깔 구분 능력이 떨어지는 것으로 밝혀졌어요. 도대체 무슨 일일까요?

갯가재는 독특한 방식으로 색을 인식할 가능성이 높습니다. 즉, 수백만 가지 색조를 구분하는 대신, 스펙트럼의 모든 색조를 단 12가지 색으로 압축할지도 모릅니다. 만약 그렇다면, 모든 종류의 빨간색이 빨간색 광수용체를 자극하고, 망막은 이 신호를 갯가재의 뇌로 전달하게 될 거예요. 일부 인공위성은 이런 식으로 색을 인식하지만, 동물 중에서는 갯가재가 유일한 사례입니다. 갯가재는 정말 독특해요.

또한 갯가재의 눈은 중간대로만 색을 인식하므로, 색각이 '띠 모양의 좁은 공간'에 국한됩니다. 한편, 중간대의 위아래에 있는 두 반구는 흑백으로만 보지만, 훨씬 더 넓은 영역을 포괄하는 **파노라마 시각**을 가지고 있어요. 그렇다면 다음과 같은 시나리오를 가정해 볼 수 있을 거예요. 갯가재는 눈을 움직일 때 주로 파노라마 반구를 사용하여 흑백으로 물체를 찾습니다. 그러다가 무언가를 발견하면, 중간대를 사용하여 슈퍼마켓의 바코드 스캐너처럼 특정 색상을 감지합니다. 그 결과 광수용체의 적절한 조합(예: 3번, 6번, 10번, 11번)이 활성화되면 갯가재의 뇌는 물고기를 식별하고…… 펑! 강력한 펀치를 날립니다. 갯가재의 뇌가 너무 작아서, 색에 대한 개념조차 없을 거라고 마셜은 생각하고 있어요.

이러한 색각 덕분에, 갯가재는 눈에 보이는 물체에 매우 빠르게 반응할 수 있어요. 하지만 여기에 함정이 있습니다. 눈이 움직이는 동안에는 물체의 움직임을 감지하기가 매우 어렵거든요. 따라서 갯가재가 중간대를 사용하여 색상을 스캔할 때는 움직임을 잘 감지하지 못할 가능성이 높아요. 그리고 눈이 스캐닝을 하지 않을 때, 갯가재의 시야는 대부분 흑백일 거예요.

2장에서 만난 깡충거미는 상이한 시각 기능, 즉 '움직임 감지'와 '컬러풀한 세부 사항'을 각각 다른 눈에 할당했어요. 갯가재는 한걸음 더 나아가, 상이한 시각 기능을 각각 '다른 눈 부위'와 '다른 기간'에 할당한 거예요. 그러므로 움직임을 볼 때는 색깔을 포기해야 하고, 색깔을 볼 때는 움직임을 포기해야 하는 거죠.

이 모든 것 외에도, 갯가재의 눈이 수행할 수 있는 독특한 기능이 하나 더 있어요. 바로 **원형편광** circularly polarized light을 볼 수 있다는 거예요. 원형편광이 정확히 무엇인지에 대한 자세한 설명은 너무 전문적이므로 생략하고 본론으로 넘어갈게요. 이러한 종류의 빛은 매우 희귀하고 특이해서, 과학자들은 지금까지 이것을 볼 수 있는 다른 동물을 발견하지 못했습니다. 사실, 갯가재 주변에서 원형편광을 내는 것은 다른 갯가재뿐이에요. 그런데 왜 그런 빛을 내는 걸까요?

갯가재는 자신들만 볼 수 있는 은밀한 빛을 이용해 의사소통을 하는 걸까요? 그럴지도 모르지만, 갯가재가 이미 그것을 볼 수 있는 눈을 가지고 있지 않다면 이러한 신호는 쓸모가 없을 거예요. 그렇다면 눈이 먼저일까요, 아니면 신호가 먼저일까요?

정답은 아마도 눈일 거예요.

이러한 추가적인 감각은 해부학적으로 우연히 얻은 결과물일 가능성이 높습니다. 우연히 생겨난 눈 내부의 구조 덕분에, 갯가재 주변에 원형편광이 많지 않더라도 원형편광을 볼 수 있었을 거예요. 그리고 시간이 흐르면서, 갯가재는 이러한 빛을 반사하는 신체 부위를 진화시켰을 거예요.

이런 일은 자연에서 흔히 일어납니다. 신호는 누군가에게 보이기 위한 것일 테니, 동물의 털, 비늘, 깃털을 장식하는 색깔과 무늬는 '동물의 눈이 탐지할 수 있느냐 없느냐'에 따라 결정됩니다. 요컨대 눈은 자연의 팔레트를 정의하므로 동물의 팔레트를 분석하면 누구의 시선을 끄는 게 목표인지 알 수 있다는 것입니다.

진화론 퀴즈

딸기독개구리strawberry poison frog는 라임빛 초록색부터 검은 반점이 있는 주황색까지 다양한 색깔을 띱니다. 이름에서 알 수 있듯이 이 개구리는 독이 있으며, 독이 강한 개구리일수록 강렬한 색깔을 띠므로 쉽게 구별할 수 있습니다. 새처럼 사색형 색각을 가진 동물이라면 말이죠. 하지만 뱀의 눈에는 개구리의 색깔이 그렇게 두드러져 보이지 않습니다.

자연계에서 나타나는 색깔은 눈에 따라 결정된다는 것을 배웠으니, 다음 질문에 대답해 보세요.

질문: 딸기독개구리를 잡아먹는 포식자는 새일까요, 아니면 뱀일까요?
정답: 새입니다! 왜냐하면 강렬한 색깔은 경고 신호로 작용하기 때문입니다. 여러 세대에 걸쳐 포식자에게 가장 쉽게 발견되는 색깔을 가진 개구리는 공격을 더 잘 피할 수 있게 되었을 거예요. 따라서 먹잇감인 개구리의 색깔을 살펴보면 포식자가 누구인지 알아낼 수 있어요. 눈이 자연의 색깔을 결정하므로, 동물의 색깔은 누구의 시선을 끌려고 노력하는지 알려 주거든요.

이번에는 꽃의 색깔에 대해 생각해 보죠. 앞에서 살펴본 것처럼, 꽃의 한복판에는 선명한 자외선 무늬가 있어요. 그렇다면 꽃의 색깔을 구별하는 데 가장 좋은 것은 어떤 눈일까요? 초록색, 파란색, 자외선에 대한 삼색형 색각을 가진 눈일 거예요. 벌을 비롯하여 여러 곤충이 바로 그런 눈을 가지고 있어요. 그러면 두 번째 질문에 대답해 보세요.

질문: 벌의 눈(삼색형 색각)과 꽃의 색깔(자외선) 중 어느 것이 먼저 진화했을까요?

정답: 눈이 먼저입니다! 다채로운 색깔을 띤 꽃이 지구상에 먼저 등장했고, 그 후에 벌이 '꽃을 잘 볼 수 있는 눈'을 진화시켰다고 생각할 수도 있지만, 사실은 그렇지 않아요. 벌과 같은 삼색형 색각을 가진 꽃가루 매개자는 꽃이 등장하기 수억 년 전부터 지구상에 존재했거든요. 따라서 벌의 눈이 먼저였고, 꽃의 색깔은 그 후에 벌의 눈을 이상적으로 자극하도록 진화했을 거예요!

이러한 연관성 때문에, 나는 감각 행위 자체에 대해 다른 생각을 품게 되었어요. 마치 눈 등의 감각 기관들이 단순히 정보를 받아들이고 흡수하는 것처럼, 감각은 수동적인 것으로 느껴질 수 있어요. 하지만 시간이 지남에 따라, '보는 행위'는 세상을 변화시킵니다. 진화를 등에 업은 눈은 '살아 있는 붓'과 같아요. 꽃, 개구리, 물고기, 새는 모두 시각이 '보이는 것'에 영향을 미친다는 사실을 보여 줍니다. 우리가 자연에서 아름답다고 느끼는 많은 것들은 동물들의 시각에 의해 형성되었습니다. 아름다움은 보는 사람의 눈에만 존재하는 것이 아니라, 바로 그 눈 때문에 생겨납니다.

　나는 이 장을, 색이 주관적이라는 설명으로 시작했습니다. 즉, 색은 보는 사람의 눈과 뇌에 존재한다는 것입니다. 우리 눈의 광수용체는 빛의 파장을 탐지하고, 뇌는 이 신호를 사용하여 색을 감지합니다. 이 과정의 앞부분은 연구하기 쉽지만, 뒷부분은 그렇지 않습니다. 과학자들은 갯가재의 눈을 연구하여 '어떻게 작동하는지'를 정확히 알아낼 수 있지만, 갯가재가 '어떻게 보는지'를 제대로 알 수는 없을지도 모릅니다. 동물이 감지한 것에 '어떻게 반응하는지'를 기록할 수는 있지만, 동물이 그것을 '어떻게 느끼는지'를 아는 것은 훨씬 더 어렵거든요.

　특히 통증에 대해 생각할 때, 이러한 구분은 매우 어렵고 중요해집니다.

식깐

4장

아무도 원하지 않는 감각
통증

하나. 통증이란 무엇일까요?
둘. 동물의 통증 이해하기
셋. 질문 제대로 하기

> 하나

통증이란 무엇일까요?

따뜻하고 아늑한 모닥불 옆에 앉아 있는 당신의 모습을 상상해 보세요. 갑자기 탁탁 소리가 나더니 시뻘건 불씨가 펑! 튀어나와 당신의 피부에 닿습니다. 아야! 얼떨결에 팔을 뒤로 빼내는 순간, 당신은 고통에 휩싸입니다.

당신은 방금 통증을 느꼈을 거예요. 하지만 다른 동물, 예를 들어 생쥐가 당신 옆에 앉아 있다가 불씨를 맞게 된다면 어떨까요? 과연 어떤 느낌일까요?

사람들은 종종, 동물의 종류에 관계없이 고통은 똑같다고 생각합니다. 하지만 이는 사실이 아닙니다. 색깔과 마찬가지로 고통도 다양합니다. 700나노미터의 파장을 가진 빛이 항상 '빨간색'으로 인식되는 것이 아니듯이, 해로운 물질이 항상 '고통스러운' 것으로 인식되는 것은 아닙니다. 통증은 동물에게 부상과 위험을 경고하는 신호이며, 생존에 필수적일 수 있습니다. 하지만 동물마다 '피해야 할 것'과 '참아야 할 것'이 다릅니다. 그래서 어떤 동물이 무엇을 고통스럽게 느끼는지, 과연 통증을 경험하는지, 심지어 통증을 느끼는 게 가능한지를 판단하기는 어렵습니다.

우리는 먼저, 통증과 **통각** nociception이라는 관련 개념의 차이를 이해해야 합니다. 팔에 불씨가 닿았을 때, 우리는 **통각 수용체** nociceptor라는 특수 뉴런을 통해 부상을 감지합니다. (통각이라는 단어는 라틴어 노케레 nocere에서 유래했으며, '해를 끼치다'라는 뜻입니다.) 거의 모든 동물은 통각 수용체를 가지고 있습니다. 이 뉴런은 강한 추위나 더위, 압박감, 산성 물질, 독소, 특정 화학 물질처럼 해로울 수 있는 것들을 감지합니다. 사람의 경우, 통각 수용체는 피부와 그 밖의 다른 기관을 덮고 있어요. 최근에 찰과상이나 타박상이나 화상을 입었다면, 그 사실을 알려준 통각 수용체에 감사해야 할 거예요.

정말 하나도 안 아픈 걸까요?

벌거숭이두더지쥐 naked mole rat를 만나 봅시다. 분홍색이고, 털이 거의 없는 설치류입니다. 이 특이한 생물의 외모를 한마디로 표현하면, '욕조에 너무 오래 담근 손가락'처럼 생겼어요. 질기지만 느슨하고 투명한 피부를 가지고 있어서, 온몸이 쭈글쭈글할 뿐만 아니라 속이 훤히 다 비쳐 내장까지 보인답니다!

벌거숭이두더지쥐는 설치류치고는 꽤 오랫동안, 최대 33년까지 살 수 있습니다. (참고로, 생쥐는 보통 몇 년밖에 살지 못합니다.) 그들은 땅굴 속에서 여럿이 모여 살며, 몸을 따뜻하게 유지하기 위해 겹겹이 포개진 채 잠을 잡니다. 운이 나빠 맨 아래에 깔린 벌거숭이두더지는 산소가 빠르게 고갈되어 생명이 위험할 수도 있지만, 설사 그렇더라도 산소 없이 최대 18분까지 살 수 있습니다. (생쥐는 1분도 못 버틸 거예요!)

　벌거숭이두더지쥐는 숨을 내쉴 때마다 땅속에 쌓이는 이산화 탄소도 견딜 수 있습니다. 이산화 탄소가 대기 중에서 차지하는 비율은 일반적으로 약 0.04퍼센트입니다. 이 수치가 3퍼센트로 증가하면 우리는 정말 고통스러울 거예요. 이산화 탄소가 증가하면 몸의 젖은 부분에 산성 물질이 생성되고, 눈이 따끔거릴 테니 말이에요. 코 안쪽이 화끈거리고 숨도 가빠질 거예요. 그러므로 최대한 빨리 그곳에서 빠져나오고 싶을 거예요.

　하지만 벌거숭이두더지쥐는 꿈쩍도 하지 않습니다. 이산화 탄소 농도가 최대 10퍼센트까지 올라가도 견딜 수 있거든요. 그 비결이 뭘까요? 벌거숭이두더지쥐는 산성을 고통스럽게 여기지 않기 때문입니다. 심지어 피부 아래에 주입된 산성 물질도 참아 냅니다. (손에 난 상처에 레몬주스를 뿌리는 것 같은 느낌일 거예요.)

　그렇다고 해서 벌거숭이두더지쥐가 통증을 전혀 느낄 수 없는 건 아니에요. 물론 느낄 수 있습니다. 꼬집히거나 불에 타는 것을 좋아할 리 없으니까요. 하지만 벌거숭이두더지쥐의 통각 수용체는 우리와 다르기 때문에, 우리가 고통스럽게 느끼는 자극 중 일부에 면역이 되었을 뿐이에요.

　통각은 손상을 감지하는 감각 과정입니다. 통증은 그에 따른 고통이고요. 통각은 분명히 통증과 관련이 있지만, 둘이 같은 건 아닙니다.

　앞에서 말한 '상상 속 모닥불'의 불씨를 기억하나요? 그 불씨가 피부에 닿으면 통각 수용체가 화상을 감지합니다. 이것이 통각이에요. 이 때 통각이 반사 작용을 일으켜, 당신은 무슨 일이 일어나는지 깨닫기도 전에 팔을 뒤로 빼내게 됩니다. 그다음으로, 통각 수용체에서 보낸 신호가 뇌에 도달하면 당신은 불편함을 느끼게 됩니다. 이것이 바로 통증이에요. 통각과 통증은 연결되어 있지만, 엄연히 다릅니다. 감각과 감정이라는 두 가지 측면이 하나로 합쳐진 동전과 같습니다. 그리고 우리 중 대부분에게, 이 두 측면은 분리될 수 없는 것처럼 보입니다.

하지만 이 둘은 분리될 수 있습니다. 불의의 사고로 팔을 잃은 사람들은 팔이 있던 곳에 통증을 느낄 수 있습니다. 팔이 없으니 통각이 없을 텐데 말이에요. 이것은 '통각 없는 통증'입니다. 반면에, 어떤 사람들은 통증을 인식하지 못하는 질병을 가지고 태어납니다. 그들은 통각을 감지하지만 신경 쓰지 않습니다. 이게 바로 '통증 없는 통각'입니다.

그리고 통각과 통증 사이에는 또 하나의 중요한 차이점이 있습니다. '상상 속 모닥불'에서, 화상을 입었다는 사실을 깨닫기도 전에 타오르는 불씨에서 팔을 빼냈던 순간을 기억하나요? 통각은 온몸에서 발생할 수 있지만, 통증은 항상 뇌와 관련이 있습니다. 통각은 반사적일 수 있습니다. 즉, 의식적으로 인지하지 못하는 사이에 발생할 수 있습니다. 하지만 통증은 그렇지 않습니다.

대부분의 동물은 통각을 경험합니다. 인간, 닭, 송어, 민달팽이, 초파리 등이 여기에 포함됩니다. 하지만 통증은 주관적이거나 개인적 견해에 기반하기 때문에, 어떤 동물이 통증을 경험하는지 여부를 판단하기는 매우 어렵습니다. 심지어 사람들 사이에서조차 한 사람이 다른 사람의 통증을 이해하는 것은 어려울 수 있습니다.

만약 당신이 두통을 호소한다면, 나는 그 통증이 당신에게 어떻게 느껴지는지 잘 알지 못할 거예요. 인간의 통증을 연구하는 과학자들은 어떨까요? 과학자니까 좀 낫지 않을까요? 천만에요. 사람들의 말에만 의존해야 하므로 마찬가지일 거예요. 그렇다면 동물을 연구하는 과학자들은요? 그야말로 최악일 거예요. 동물과 의사소통하여 그들의 감정을 파악하는 기술이 개발될 때까지, 그들이 어떻게 통증을 경험하는지 알아내는 것은 꿈도 꿀 수 없을 테니 말이에요. 그 대신, 동물학자들은 동물의 행동을 해석하려고 노력합니다.

예컨대 당신이 쥐의 발을 꼬집으면, 쥐는 발을 잡아당기고 아마도 다친 부위를 핥을 거예요. 또한 진통제를 제공하면 거리낌 없이 받아들일 거예요. 인간의 반응과 다르지 않죠. 설치류의 뇌는 인간의 뇌와 충분히 유사하다고 볼 수 있기 때문에, '인간과 마찬가지로, 쥐도 통각을 경험할 때 통증을 경험한다'고 유추할 수 있습니다.

하지만 우리와 매우 다른 신체와 신경계를 가진 동물은 어떨까요? 벌레를 꼬집으면 꿈틀거립니다. 하지만 이러한 움직임이 인간이 느끼는 통증과 같은 개념일까요? 아니면 마치 뜨거운 불씨에서 무의식적으로 팔을 빼내는 것과 같을까요? 통증의 징후는 매우 다양할 수 있어요. 그렇다면 동물이 통증을 경험하고 있는지 여부를 어떻게 알 수 있을까요?

이 질문에 대한 대답은 매우 중요합니다. 통증과 통각의 구분은 동물을 잡거나, 죽이거나, 먹거나, 실험할 때 우리 인간이 '어떻게 느끼고 행동하는지'에 영향을 미치기 때문이에요. 통증은 아무도 원하지 않는 감각입니다. 초능력자가 되려면 무언가 특별한 능력을 가져야 하지만, 통증은 없는 것이 마치 초능력처럼 느껴지는 유일한 감각입니다. 우리가 피하려고 하고, 약으로 치료하고, 다른 사람이 경험하기를 원하지 않는 유일한 감각입니다.

동물의 통증 이해하기

시각이나 청각을 연구하는 과학자들은, 자신이 연구하는 동물에게 이미지를 보여 주거나 소리를 들려주는 실험을 할 수 있습니다. 통증을 연구하는 과학자들도 그런 실험을 할 수 있을까요? 자신이 연구하는 생물에 대해 더 많이 알기 위해 그 생물에게 해를 끼쳐야 하다니…… 어려운 딜레마네요.

물고기는 통증 연구가 얼마나 복잡한지를 잘 보여 주는 예입니다. 수년 동안 과학 교과서와 낚시 잡지들에는 물고기가 통증을 느끼지 않는다고 적혀 있었어요. 낚싯바늘에 걸린 물고기의 몸부림은 고통의 징후가 아니라 반사 작용, 즉 '통증'이 아니라 '통각'으로 여겨진 거라고요. 그게 사실일까요?

2003년, 과학자 린 스네든Lynne Sneddon, 마이크 젠틀Mike Gentle, 빅토리아 브레이스웨이트Victoria Braithwaite는 송어의 입술에 아세트산—식초에 톡 쏘는 맛을 제공하는 물질—이나 벌 독을 주입하는 실험을 했습니다. 그랬더니 식염수가 주입된 물고기들과 달리, 실험 물질이 주입된 물고기들은 수조 바닥에 누워 몸을 좌우로 흔들며 자갈에 입술을 비비댔습니다. 그런 행동은 이후에도 오랫동안 지속되었어요.

세 과학자는 이러한 행동을 단순한 반사 작용으로 설명할 수는 없다고 생각했어요. 고통받는 동물들의 모습을 두 눈으로 똑똑히 보았으니 그럴 수밖에 없었을 거예요.

그들은 다른 과학자들과 함께 후속 연구를 통해 물고기가 통증을 느낀다는 증거를 더 많이 발견했어요. 꼬집히거나 전기 충격을 받은 물고기는 몇 시간 또는 며칠 동안, 혹은 진통제를 제공받을 때까지 평소와 다른 행동을 보였어요. 즉, 이 불행한 물고기는 안도감을 얻기 위해, 또는 더 큰 불편함을 피하기 위해 좋아하는 것들을 포기하는 것으로 나타났어요.

예컨대 한 연구에서, 스네든은 제브라피시 zebra fish가 평소에 물만 가득 찬 지루한 수조보다 자갈과 식물로 가득 찬 흥미로운 수조에서 헤엄치는 것을 선호한다는 것을 발견했어요. 그러나 제브라피시에게 아세트산을 주사하고 지루한 수조에 진통제를 용해시켰더니, 이 물고기는 흥미로운 환경보다 안전한—지루하더라도 진통 효과가 있는—환경을 선택하는 것으로 나타났어요.

또 다른 연구에서, 과학자들은 금붕어에게 수조의 한 부분에서 먹이를 먹도록 훈련시킨 후 전기 충격을 주었습니다. 그랬더니 금붕어는 그 자리에서 멀리 도망쳐 며칠 동안 머물렀는데, 아무리 배가 고프더라도 좀처럼 돌아올 생각을 하지 않는 것처럼 보였어요. 결국 금붕어는 돌아왔지만, 전기 충격이 클수록 먹이를 찾으러 돌아오는 데 걸리는 시간이 길어졌어요.

단언하건대, 이 물고기들은 반사 작용만으로 결정을 내린 것이 아니었을 거예요. 오히려 더 큰 피해를 피하는 것의 장단점을 비교했을 가능성이 높습니다. 브레이스웨이트가 『물고기는 고통을 느낄까?』에 썼듯이, 물고기도 새와 포유류처럼 통증을 느끼고 괴로워한다는 증거는 차고 넘칩니다. 그러나 모든 사람이 이를 믿는 것은 아니에요.

일부 비평가들은 우리의 통증 감각이 물고기에게는 없는 신피질 neocortex이라는 뇌 영역에 달려 있다고 지적합니다. 하지만 이런 주장은 설득력이 없습니다. 동물마다 같은 문제에 대해 서로 다른 해결책을, 그리고 같은 일을 하는 데 있어서 서로 다른 구조를 진화시켜 왔기 때문이에요. 동물의 눈이 얼마나 다양한지 생각해 보세요. 물고기를 가리키며 '인간과 같은 뇌가 없으니 통증을 느낄 수 없다'고 주장하는 것은, 파리를 가리키며 '원시적인 겹눈을 가지고 있기 때문에 볼 수 없다'고 말하는 것이나 마찬가지예요.

그렇다고 해서 비평가들의 주장에 일리가 없는 것은 아니에요. 통증과 같은 의식적인 경험을 만들어 내기 위해서는 일정 수준의 두뇌 능력brainpower이 필요할 테니 말이에요. 어떤 동물들은 뇌가 너무 작거나 단순할 수 있습니다. 온몸에 뉴런이 300개밖에 없는 미세한 벌레가 있는데, 아마도 고통을 느끼기에는 뉴런이 너무 적을 거예요. 문제는 '어느 정도의 두뇌 능력이면 충분한지'를 아무도 모른다는 것이죠.

현장 속으로

동물: 유럽소라게 common hermit crab
장소: 북아일랜드 벨파스트

소라게는 부드러운 몸을 가진 동물로, 빈 조개껍데기 속에 살면서 포식자로부터 자신을 보호한다. 그러나 연체동물이 아니라 갑각류이다.

생물학자 로버트 엘우드Robert Elwood와 미르얌 아펠Mirjam Appel은 소라게가 약한 전기 충격만 받아도 껍데기에서 도망쳐 나온다는 것을 발견했다. 처음에 엘우드와 아펠은 이러한 행동이 반사 작용이라고 생각했다. 하지만 소라게가 선호하는 경단고둥periwinkle 껍데기에서 빠져나오게 하려면 더 강한 충격이 필요하다는 것을 발견했다. 덜 선호하는 납작한 조개껍데기에서는, 도망치는 속도가 훨씬 더 빨랐다. 반면에, 근처 물속에서 포식자의 낌새가 보이면 조개껍데기에서 빠져나올 확률이 절반으로 줄었다.

"그걸 보니, 이게 반사 작용이 아니라는 걸 알 수 있었어요."라고 엘우드는 말한다. 그 대신, 소라게가 조개껍데기를 벗는 것은 여러 가지 선택지를 종합적으로 고려한 후 내리는 결정이라고 생각한다.

또한, 소라게들은 충격이 가해진 후 오랫동안 평소와 다른 행동을 보였다. 포식자에게 위험할 정도로 노출되었음에도 불구하고, 곧바로 껍데기로 돌아가지 않는 것이었다. 그리고 충격을 받아 손상된 부위를 손질했다. 엘우드는 이러한 행동이 '갑각류도 통증을 느낀다'는 가설을 뒷받침한다고 말하지만, 소라게를 비롯한 갑각류가 정확히 무엇을 느끼는지 아는 것은 아직 불가능하다.

엘우드는 이렇게 말한다.

"게와 바닷가재도 통증을 느끼느냐는 질문을 자주 받아요. 15년간의 연구 끝에 얻은 답은 '아마도 그럴 것'이에요."

셸리 아다모Shelley Adamo는 곤충의 행동을 연구하는 과학자인데, 통증을 느끼는 능력에 대해 다른 방식으로 생각합니다. 그의 생각을 살펴보기 전에, 먼저 곤충의 진화 과정을 정리해 볼게요. 시간이 지남에 따라, 곤충은 '작은 머리'와 '작은 몸집'에 '최소한의 효율적인 신경계'를 갖추도록 진화했어요. 추가적인 정신 능력을 갖추려면 더 많은 뉴런이 필요할 텐데, 이는 더 많은 비용, 즉 에너지 소모를 수반하기 마련이에요. 따라서 곤충은 '비용을 상쇄하는 무언가'를 얻을 수 있을 때만 비용을 기꺼이 지불할 거예요. 그렇다면 곤충은 통증을 느낌으로써 무엇을 얻게 될까요?

통각의 이점은 명확합니다. 통각은 동물을 위한 경보 시스템으로, 자신에게 해를 끼치거나 심지어 치명적일 수 있는 것을 탐지할 수 있도록 해 줍니다. 이 정보를 바탕으로, 동물은 자신을 보호하기 위한 조치를 취할 수 있습니다.

하지만 통증의 가치는 덜 분명합니다. 일부 과학자들은 '통증으로 인한 불편한 감정'이 동물에게 자신을 해치는 것을 피하는 데 도움이 될 뿐만 아니라 미래에 그것을 피하는 법을 배우는 데도 도움이 된다고 주장합니다. 통각은 "도망쳐!"라고 말하고, 통증은 "돌아가지 마!"라고 말한다는 거예요. 그러면서 과학자들은 곤충과 같은 하등 동물은 통증을 느끼지 못한다는 결론을 내립니다.

그러나 아다모의 생각은 달라요. 아다모는 동물이 '통증에 수반되는 정서적 고통' 없이도 위험을 피하는 법을 학습할 수 있다고 주장합니다. (심지어 로봇도 그렇게 하도록 프로그래밍할 수 있잖아요.) 따라서 아다모는 곤충 또는 그들과 비슷하게 단순한 뇌를 가진 갑각류가 통증을 느낄 가능성은 낮으며 그럴 필요도 없다고 생각합니다. 또는, 다른 것은 다 제쳐 두더라도, 곤충의 고통스러운 경험은 인간의 고통스러운 경험과 매우 다를 가능성이 높다고 생각하고 있어요. 물고기도 마찬가지일 거예요.

아다모는 이렇게 말합니다.

"나는 물고기들이 무언가를 느낄 거라고 기대하고 있는데, 그게 뭔지 알아요? 그게 뭐가 됐든, 아마도 인간과 똑같지는 않을 거예요."

셋

질문 제대로 하기

동물의 통증에 대한 논쟁은 대체로 단순한 질문을 중심으로 전개되는 경향이 있습니다. 동물도 통증을 느낄까요? 하지만 이 질문 뒤에는 몇 가지 다른 질문들이 감춰져 있어요. 바닷가재를 삶아도 괜찮을까요? 문어를 먹지 말아야 할까요? 낚시를 해도 될까요? 동물이 통증을 느끼는지 알아보기 위해 조사할 때, 우리는 동물 자체보다는 '우리가 동물에게 무엇을 할 수 있는지'에 초점을 맞추는 경향이 있어요. 안타깝게도, 이러한 관점은 동물이 무엇을 감지할 수 있는지에 대한 우리의 이해를 제한하게 됩니다.

통증은 '통증의 존재' 여부를 넘어 더 많은 것을 의미합니다. 셸리 아다모가 지적한 것처럼, 우리는 통증의 장단점을 잘 이해해야 합니다. 즉, 통증에는 그럴 만한 이유가 있습니다. 동물이 통증을 느끼는 것은 그 정보를 바탕으로 무언가를 할 수 있기 때문이에요. 그러므로 동물의 필요와 한계를 이해하지 못하면, 동물의 행동을 정확하게 해석하기 어렵습니다.

예를 들어, 긴 화살 모양의 몸과 여러 개의 짧은 팔을 가진 긴지느러미오징어longfin squid를 생각해 보세요. 이 오징어는 때때로 부상으로 팔 끝을 잃기도 합니다. 그런데 신경 과학자 로빈 크룩Robyn Crook은 놀라운 사실을 발견했습니다. 바로 한쪽 팔을 다친 긴지느러미오징어가 마치 온몸이 아픈 것처럼 행동한다는 거예요! 당신이 발가락을 찧을 때마다, 몸 전체가 촉감에 예민해진다고 상상해 보세요. 부상당한 긴지느러미오징어가 바로 그런 경우예요.

왜 그렇게 엄살을 부리는 걸까요? 오징어는 개방 수역(사방이 탁 트인 곳)에서 생활하기 때문에, 다칠 경우 바다의 모든 것들이 위험으로 다가올 수 있습니다. 그러므로 온몸이 바짝 경계하고 있어야 포식자의 공격을 더 잘 피할 수 있을 거예요. 게다가 긴지느러미오징어는 팔 길이가 짧아, 신체의 모든 부위에 물리적으로 접근할 수가 없어요. 자신의 손을 뻗어 상처 입은 부위를 만질 수 없다면, 특정 부위가 다쳤다는 것을 안다고 해서 무슨 소용이 있겠어요?

하지만 오징어의 친척인 문어는 매우 다릅니다. 팔이 더 길고 유연합니다. 그래서 오징어와 달리, 문어는 온몸의 모든 부위를 스스로 만질 수 있어요. 그리고 탁 트인 곳에서 생활하느라 하루도 쉴 수 없는 오징어와 달리, 문어는 오밀조밀하고 굴곡진 곳에 살기 때문에 다치면 컨디션이 회복될 때까지 어딘가에 숨어 있을 수도 있어요. 이런 문어에게는 부상 부위를 아는 것이 더 합리적일 텐데, 크룩은 실험을 통해 실제로 그렇다는 것을 보여 줍니다. 문어는 팔을 다쳤을 때, 멀쩡한 팔로 다친 팔을 감싸안습니다. 우리가 손을 다쳤을 때 그러는 것처럼 말이에요. 상처 입은 문어는 분명히 통증을 느끼며, 우리가 이해할 수 있는 방식으로 행동합니다. 하지만 오징어는 전혀 다른 것을 느끼는 것 같아요.

동물의 통증에 대한 의견 불일치는 종종 '동물은 우리와 똑같은 통증을 느끼거나, 아니면 아예 아무것도 느끼지 못한다'는 가정에 기반합니다. 어쩌면 가정이 잘못됐을 수도 있지만, 그 중간쯤 되는 것을 상상하기는 어렵습니다. 어떤 사람들은 다른 사람들보다 더 많은 통증을 견딜 수 있다는 것을 우리는 이해합니다. 어떤 사람들은 시력이 더 흐릿하다는 것을 아는 것처럼 말이에요. 하지만 오징어의 통증처럼 전혀 다른 형태의 통증은 2장에서 나온 가리비의 '이미지 없는 영화'만큼이나 우리가 이해하기 어렵습니다.

통증에 대한 적절한 질문

동물 연구, 특히 동물의 통증에 관한 연구의 윤리에 대해 생각하는 것은 결코 쉬운 일이 아닙니다. 그럼에도 불구하고, 로빈 크룩은 오징어나 문어 같은 두족류 동물의 삶을 개선하기 위해 최선을 다합니다. 크룩은 **마취제**가 두족류 동물에게 효과가 있는지 확인하는 연구를 하고 있습니다. 크룩은 가능한 한 적은 수의 동물을 사용하고, 그들의 부상을 최소화하도록 세심한 주의를 기울입니다.

두족류가 통증을 느낄 수 있다는 사실이 확실히 밝혀지기도 전에, 크룩은 두족류 동물이 통증을 느낄 수 있다고 가정하고 연구실을 운영해 왔습니다. 크룩은 이렇게 말합니다.

"우리가 실험 동물에게 하는 행동에 대해, 설령 의도적으로 통증을 유발하지 않았더라도 우리는 늘 죄책감을 느껴야 해요. 동물은 사전 동의서에 서명하고 실험에 참가한 것이 아니잖아요. 그러므로 우리가 그들의 고통을 덜어 준다는 거창한 목표를 내세운다고 해도 수조에 있는 동물은 별로 고마워하지 않을 거예요."

통증을 연구하는 다른 많은 과학자들도 크룩과 같은 의견을 갖고 있습니다. 두족류, 어류, 갑각류가 인간과 같은 감정을 느끼는지, 아니면 근본적으로 다른 것을 경험하는지에 관계없이, 과학자들이 신중하게 연구해야 할 증거가 차고 넘친다고 주장합니다.

로버트 엘우드는 말합니다.

"수조 속의 동물들도 고통을 느낄 가능성이 매우 높아요. 우리는 그 고통을 비켜 갈 방법을 찾아야 해요."

따라서 오징어와 문어가 '통증을 경험하는가?'라고 질문하는 대신, '어떻게 고통을 느끼는가?'라고 질문하는 것이 더 적절할 수 있습니다. 3만 4천 종의 알려진 어류, 6만 7천 종의 알려진 갑각류, 수백만 종의 곤충도 마찬가지입니다. 이 모든 동물을 획일적으로 대하는 것은 어리석은 일입니다. 시각이나 후각과 같은 감각의 경우, 가까운 친척뻘 되는 동물조차도 세상을 매우 다른 방식으로 인식한다는 것을 우리는 알고 있습니다. 통증도 마찬가지입니다.

  통증의 존재 여부에 초점을 맞추는 대신, 동물이 통증을 경험하고 다른 동물에게 어떤 경우에 표현하는 것이 유리한지 질문해야 합니다. 우리는 굴 파는 두더지쥐와 긴지느러미오징어에서 통증이 다르게 나타난다는 것을 알게 될 것입니다. 위험에 빠졌을 때 누군가에게 도움을 요청할 수 있는 사회적 동물과 자기 몸을 스스로 지켜야 하는 독립 생활 동물에서 서로 다른 형태의 통증을 발견할 수도 있습니다. 그리고 타는 듯한 더위부터 얼어붙을 듯한 추위에 이르기까지 극한의 온도를 견뎌 내야 하는 동물에서도 통증이 다르게 나타난다는 것을 알게 될 것입니다.

5장

대단한 능력자들
열

하나. 온도 감지기
둘. 원거리 적외선 탐지기
셋. 근거리 열 감지기

하나

온도 감지기

여기는 너무너무 추워요. 밖은 가을이고, 기온은 섭씨 24도 정도예요. 그게 뭐가 춥냐고요? 나는 겨울의 어둡고 추운 환경을 재현하도록 설계된 차가운 방, 동면실 안에 있거든요. 빨간 등불 하나가 방 안을 밝히고 있고, 나는 자몽만 한 크기의 조그만 털북숭이 공을 손 안에 품고 있습니다. 이 공의 정체가 뭘까요? 털실 뭉치가 아니라, 겨울잠을 자고 있는 열세줄땅다람쥐 thirteen-lined ground squirrel입니다. 보통 다람쥐와 대부분의 설치류들은 끊임없이 움직이지만, 이 다람쥐는 거의 움직이지 않고 있어요. 열세줄땅다람쥐는 여름에 체온이 섭씨 37도 정도이고 심장은 1초에 다섯 번씩 뛴대요. 그런데 오늘은 체온이 섭씨 4도밖에 안 되고 심장은 1분에 겨우 다섯 번씩 뛰고 있어요. 발이 아주 살짝 움직이기 전까지는 살아 있는지조차 알 수 없어요. 너무 오래 품고 있으면, 내 손의 온기가 다람쥐를 깨울 것 같아 걱정이에요.

이처럼 추운 방에 오래 있으면, 사람은 누구나 고통을 느낄 거예요. 그러다 결국 **저체온증** hypothermia에 시달리게 되겠죠. 아마 하루도 못 버틸 거예요. 하지만 열세줄땅다람쥐는 달라요. 추위를 마다하지 않기 때문에, 섭씨 1도에서 2도 사이의 체온을 반년 동안이나 유지할 수 있습니다. 기온이 그렇게 낮은데도 전혀 불편하게 여기지 않는답니다.

만약 추위를 견디는 능력이 없다면, 땅다람쥐가 겨울잠을 자는 것은 불가능할 거예요. 대신 너무 추워서 수면을 지속할 수 없을 때 우리 몸이 나타내는 반응을 보일 거예요. 지방을 태워 열을 만들다가, 그게 도움이 되지 않으면 자동으로 잠에서 깨어나는 거죠. 사람에게 이런 반응은 생명을 유지하는 방법입니다. 하지만 땅다람쥐에게는 치명적일 거예요. 한겨울에 갑자기 깨어나면 얼어 죽을 게 뻔하니, 그러지 않으려면 겨울잠을 계속 자야 합니다. 그렇기 때문에 땅다람쥐의 '추위' 개념은 우리와 다릅니다.

겨울잠은 '진짜' 잠이 아니에요!

여러분은 초등학교에서 아마도 '겨울잠을 자는 동물들은 겨울내 잠을 잔다'고 배웠을 거예요. 하지만 겨울잠(동면)과 '진짜' 잠(수면)은 같은 것이 아니에요. 동면은 동물이 혹독한 겨울 날씨 속에서 살아남을 수 있게 해 주는 극도의 무활동 상태입니다. 무활동 상태란 생명 활동을 거의 완전히 중단한 상태입니다. 이 과정은 수면과는 현격하게 다르니 주의하세요. 놀라운 사실을 하나 알려 줄게요. 동면하는 땅다람쥐는 주기적으로 무활동 상태에서 깨어나, 제대로 된 수면을 취하기 위해 체온을 높여야 한답니다. 왜냐고요? 겨울잠은 진짜 잠이 아니어서 수면 부족을 겪게 되기 때문이에요.

골디락스 존 Goldilocks zone

모든 생명체는 온도의 영향을 받습니다. 너무 차가우면 화학 반응이 느려지고, 너무 뜨거우면 단백질을 비롯한 많은 분자들이 분해되어 형태를 잃기 때문입니다. 그러므로 대부분의 생명체는 살아남기 위해, 온도가 딱 알맞은 '골디락스 존' 안에 머물러야 합니다. 이 존(영역)의 경계는 다양하지만, 항상 존재합니다. 신경계를 가진 모든 동물이 온도를 감지하는, 그리고 이에 반응하는 방법을 가지고 있는 것은 바로 이 때문입니다.

동물들은 다양한 센서를 이용하여 온도를 감지합니다. 그중에서 과학자들이 가장 많이 연구한 것은 **TRP 채널**이라는 단백질 그룹입니다. 몸 전체의 뉴런 표면에 존재하는 TRP 채널은 작은 문처럼 작용하며, 적정 온도에 도달하면 열립니다. 이렇게 되면 전기 신호가 뇌로 전달되고, 우리는 뜨겁거나 차가운 감각을 느끼게 되는 거예요. 어떤 TRP 채널은 고온(뜨거움)에 반응하고, 어떤 TRP 채널은 저온(차가움)에 반응합니다. '차가움'은 단순히 뜨겁지 않다는 게 아니라, '뜨거움'과 전혀 다른 감각이에요!

특정 화학 물질도 TRP 채널을 자극할 수 있어요. 고추에 함유된 **캡사이신**은 고온을 감지하는 TRP 채널을 자극하여 '타는 듯한' 느낌을 유발합니다. 민트(박하)는 페퍼민트 오일에 함유된 화학 물질인 멘톨을 함유하고 있어, 차가움을 감지하는 TRP 채널을 활성화함으로써 '시원함'

을 느끼게 합니다.

이러한 감각은 동물계 전반에 걸쳐 존재하지만, 각 종마다 특정 온도에 맞춰져 있는 고유한 감각 기관이 있어요. 따라서 모든 종은 뜨겁거나 차가운 것에 대한 그들만의 정의를 가지고 있습니다.

사람의 정상 체온은 섭씨 36.5도인데, 이 정도면 제브라피시에게는 고통스러울 정도로 높은 온도입니다. 생쥐는 섭씨 43도를 싫어하겠지만, 닭은 개의치 않을 거예요. 그리고 섭씨 54도는 대부분의 동물들이 견딜 수 없는 한계인데, 이걸 대수롭지 않게 여기는 동물이 두 종 있어요. 하나는 중앙아시아 사막에 서식하는 쌍봉낙타Bactrian camel이고, 다른 하나는 두두둥! 바로 열세줄땅다람쥐입니다!

놀랍게도, 이 설치류는 아주 낮은 온도와 아주 높은 온도를 모두 견딜 수 있습니다. 그래서 열세줄땅다람쥐는 미국의 미네소타처럼 추운 곳에서도, 텍사스처럼 더운 곳에서도 번성할 수 있어요. 뜨거움과 차가움의 한계를 넓힘으로써, 이들의 온도 센서는 주인이 어디서·언제·어떻게 사는지에 영향을 미칩니다.

사하라은개미Saharan silver ant는 섭씨 53도까지 온도가 올라가는 모래에서 먹이를 찾습니다. 그리고 얼음벌레ice worms는 이름 그대로 빙하 얼음 위에서 평생을 보냅니다. 만약 당신의 손아귀에 들어가면, 온기를 견디지 못해 죽어 버릴 거예요! 이 생물들의 삶이 우리에게는 견딜 수 없을 정도로 힘들어 보일 거예요. 남극의 추위를 이겨 내는 황제펭귄이나 뜨거운 모래 위를 걷는 낙타를 보면, 당신은 그들이 고통을 겪고 있다고 생각할 거예요.

우리는 인간의 감각을 그들의 감각에 덮어씌우고 있는 거예요! 우리가 불편하니까 그들도 당연히 불편할 거라고 가정하는 거죠. 하지만 사실, 모든 동물은 자신이 사는 곳에 알맞은 감각을 가지고 있습니다.

낙타와 개미는 뜨거운 모래에 별로 신경 쓰지 않을 거예요. 그리고 펭귄과 얼음벌레는 강추위에도 아랑곳하지 않을 거고요.

요컨대, 만약 당신이 어쩔 수 없이 사하라 사막이나 빙하 위에 살아야 한다고 가정해 보세요. 이를 악물고 참기보다는, 감각을 조정해서 몸이 그곳을 실제로 좋아하도록 만드는 게 나을 거예요.

주열성의 마법

초파리는 더듬이 끝에 있는 센서 덕분에 섭씨 25도 정도의 온도를 찾아내 그곳에 머뭅니다. 섭씨 25도 정도는 초파리가 좋아하는 골디락스 존입니다. 초파리는 센서를 이용해 공중에서 수시로 방향을 바꿀 수 있어요. 그러므로 불쾌할 정도로 더운 곳이나 죽을 정도로 뜨거운 곳—섭씨 40도—을 피할 수 있습니다.

실제로, 초파리는 한쪽 더듬이의 온도가 다른 쪽 더듬이보다 0.1도만 더 높아도 금세 알아차릴 수 있어요! 그리고 이 정보를 이용하여 위험한 곳, 너무 춥거나 너무 더운 곳에서 벗어나 더 편안하고 안락한 쪽으로

방향을 돌립니다. 이러한 능력을 **주열성**thermotaxis이라고 하는데, 동물계에서 흔히 볼 수 있습니다. 크고 작은 동물들은 움직이는 동안 주변 온도의 변화를 감지하기 위해 **열 센서**를 사용합니다.

원거리 적외선 탐지기

산불은 워낙 끔찍하므로, 산불이 났을 때 대부분의 동물이 필사적으로 도망치는 것은 당연합니다. 하지만 '불을 쫓는 딱정벌레'라는 별명을 가진 침엽수비단벌레는 다릅니다. 이 1.2센티미터 길이의 작고 검은 곤충은 맹렬한 불길을 향해 날아갑니다! 어리석은 것처럼 보이겠지만, 비단벌레의 행동에는 그럴 만한 이유가 있습니다. 그들은 불에 탄 나무에 알을 낳고, 애벌레는 부화한 후 나무껍질을 갉아 먹거든요. 나무는 불 때문에 약해질 대로 약해져서, 배고픈 곤충으로부터 스스로를 방어할 수 없습니다.

한편, 포식자들은 남아 있는 연기와 열기 때문에 감히 접근하지 못합니다. 이는 어린 비단벌레들이 안전하게 성장한 후, 스스로 불을 쫓아 날아갈 수 있다는 것을 의미합니다. 침엽수비단벌레는 열에 매우 민감해서 담배꽁초나 심지어 바비큐 그릴에도 내려앉는 것으로 알려져 있어요! 오죽하면 '불을 쫓는 딱정벌레'라는 별명을 얻었을까요!

이 비단벌레는 앞에서 만난 '동면 중인 땅다람쥐'나 '날아다니는 초파리'와는 다른 방식으로 열을 감지합니다. 이들은 단순히 주변 환경의 온도만 감지하는 것이 아닙니다. 그 대신, 이들은 멀리서 열을 감지

하고 그 열원을 향해 이동합니다. 이는 온도 감지와 전혀 다른 기술이며, **적외선** infrared이라는 일종의 빛에 의존합니다.

우리는 3장에서, 가시광선 스펙트럼의 보라색 바로 너머에 있는 자외선을 살펴보았습니다. 적외선은 무지개에서 자외선의 정반대 편, 즉 빨간색 바로 너머에 있습니다. 뜨거운 물체는 많은 적외선을 방출하는데, 우리는 이러한 종류의 빛을 볼 수 없지만 때로는 느낄 수 있습니다. 예컨대 당신이 모닥불 근처에 서 있으면, 타는 나무에서 적외선이 방출됩니다. 이 적외선이 당신의 몸에 닿으면 피부의 일부가 가열됩니다. 그러면 온도 센서가 반응하고 당신은 열을 느끼게 됩니다.

하지만 이는 당신이 모닥불 근처에 서 있을 때만 발생하는 일이에요. 모닥불에서 멀어질수록 적외선은 빠르게 약해지다가, 결국에는 당신의 몸에 닿더라도 아무런 영향도 미치지 않게 됩니다. 일반적으로 멀리서 적외선을 탐지할 수 있는 경우는, 태양처럼 열원이 매우 강할 때뿐입니다.

하지만 침엽수비단벌레처럼 특수 장비를 사용하면, 당신도 멀리서 적외선을 감지할 수 있답니다. 침엽수비단벌레는 가운뎃다리 뒤에 한 쌍의 열 감지 기관을 가지고 있습니다. 이 기관은 작은 라즈베리처럼 생겼으며, 약 70개의 작은 '공'으로 이루어져 있습니다. 각 공은 압력 감지 뉴런의 끝에 위치하며, 체액으로 가득 차 있습니다. 적외선이 공에 닿으면, 액체가 가열되어 팽창합니다. 그로 인해 뉴런이 압축되어 활성화됩니다. 이런 식으로, 비단벌레는 멀리 떨어진 불에서 나오는 적은 양의 적외선도 감지할 수 있어요. 비단벌레의 열 감지 센서는 매우 정교하여, 수십 킬로미터 떨어진 곳의 불도 찾아낼 수 있습니다.

그런데 동물이 적외선을 사용하여 추적할 수 있는 열원 목록에는 '불'만 있는 게 아닙니다. 어떤 종들은 이 놀라운 감각을 이용하여 '다른 동물'을 찾아내기도 합니다. 생각만 해도 징그러운…… 기생충이 바로 그런 경우예요.

당신의 몸은 번쩍이는 등대

요충은 아주 작지만, 이 성가신 미세 생물은 미국 앨라배마에서 베트남까지 전 세계 인구 8억 명 이상을 감염시켜 위장 질환을 비롯한 여러 질병을 유발할 수 있습니다.

요충의 애벌레는 분변으로 오염된 토양과 물에서 서식합니다. 만약 당신이 운이 나빠 분변으로 오염된 물속에 서 있거나 그 위를 걸어다닌다면, 요충은 당신의 피부를 뚫고 몸 안으로 침투할 수 있습니다.

다른 생물의 몸에 의지해 먹고 사는 **기생충**은 매우 흔합니다. 사실, 대부분의 동물 종은 기생충일 가능성이 높습니다! 이 무임승차자들은 모두 적절한 숙주를 찾아내야 합니다. 그리고 그 과정에서 체온은 결정적인 증거가 될 수 있습니다.

조류와 포유류의 조상은 스스로 체온을 생성하고 조절할 수 있는 능력을 진화시켰어요. 이것을 전문 용어로 **내온성**endothermy이라고 하는데, 흔히 '온혈성'이라고 알고 있을지도 몰라요. 용어야 어찌 됐든, 이러한 능력 덕분에 기생충은 조류와 포유류를 매우 쉽게 추적할 수 있어요. 체온, 즉 적외선은 그들을 번쩍이는 등대로 만듭니다. 그리고 요충을 비롯한 기생충은 이 신호를 이용하여 먹이가 될 만한 숙주를 찾아냅니다.

셋

근거리 열 감지기

피는 균형 잡힌 영양분을 함유한 훌륭한 식량 공급원입니다. 당신은 아이스크림을 더 좋아할 수도 있어요. 하지만 최소 14,000종의 동물이 피를 빨아 먹고 삽니다. 그리고 많은 동물들이 피가 뿜어내는 적외선을 감지함으로써 먹잇감을 찾아냅니다.

악명 높은 흡혈박쥐 vampire bat도 이러한 종 중 하나입니다. 흡혈귀(뱀파이어)는 신화 속 존재이지만, 흡혈박쥐는 실제로 존재합니다. 이 작은 동물은 길이가 7.5센티미터에 불과하고 퍼그(몸이 작고 납작한 얼굴에 주름이 많은 개) 같은 납작한 얼굴을 가지고 있습니다. 소나 돼지의 등에 직접 내려앉거나, 일반 박쥐와는 전혀 다른 방식으로 땅을 가로질러 기어가서 목표물에 접근합니다. 흡혈박쥐는 다양한 감각을 사용하여 먹이를 찾아냅니다. 하지만 약 15센티미터의 사정거리에 접근하면, 열 감각이 바통을 이어받아 적당한 '깨물 곳'을 선택합니다. 코 주변의 작은 기관은 숙주의 따뜻한 피에서 발산되는 적외선을 탐지하여, 정확히 어디를 깨물라고 알려 줍니다.

   진드기도 동물의 피를 빨아 먹는 동물로, 열 센서는 네 쌍의 다리 중 첫 번째 다리 끝에 있습니다. 진드기가 다리를 흔든다면 열을 탐지하고 있다는 증거입니다. 진드기는 최대 4미터 떨어진 곳에서도 동물의 체온을 감지할 수 있습니다! 최근 한 연구진은 디트(DEET)나 시트로넬라 같은 살충제가 진드기의 열 감지 능력을 교란시킨다는 사실을 발견했는데, 이는 향후 진드기 물림을 예방하는 새로운 방법으로 이어질 수 있습니다.

현장 속으로

동물: 붉은다이아몬드방울뱀 red diamond rattlesnake

장소: 캘리포니아주 샌디에이고

나는 케블라(미국에서 개발한 고강도 섬유) 정강이 보호대를 착용한 채, 연구원 룰론 클라크Rulon Clark, 네이트 레데츠키Nate Redetzke와 함께 캘리포니아의 샐비어 덤불을 헤치며 방울뱀을 찾고 있다. 큰맘 먹고 출동했지만, 날씨가 춥고 흐려서 방울뱀은 보이지 않는다. 하지만 희망의 끈을 놓지 않고 노력에 노력을 거듭한 끝에 방울뱀 한 마리를 발견했다. 레데츠키는 집게를 이용해, 덤불 뒤에 숨어 있는 붉은다이아몬드방울뱀을 끌어낸다. 녹슨 쇠처럼 시뻘겋고 몸길이가 1미터인 이 붉은다이아몬드방울뱀의 이름은 '마가렛Margaret'이다.

붉은다이아몬드방울뱀은 보통 온순하지만, 아무리 온순해도 인내심에는 한계가 있는 법이다. 레데츠키가 마가렛을 자루에 담자, 마가렛은 곧바로 자루를 공격하여 하얀색 천에 독성이 있는 노란색 얼룩을 남긴다. 레데츠키는 잠깐 머뭇거리다 냉정함을 되찾고, 마가렛의 몸통 굵기보다 약간 넓은 지름을 가진 플라스틱 원통 속으로 마가렛을 밀어 넣는다.

나는 원통의 한쪽 끝을 살며시 잡으며, 반대편에 있는 마가렛의 얼굴을 응시한다. 동공은 '모로 세운 아몬드' 모양이고, 입은 마치 찡그린 표정처럼 위로 휘어져 있다. 눈은 모든 뱀이 그렇듯 눈꺼풀 대신 투명한 비늘로 덮여 있어 감지도, 깜박이지도 않는다. 쏘아보는 눈매가 나의 간담을 서늘하게 한다. 누구에게나 공포감을 자아낼 만큼 화난 표정이다.

그럼에도 불구하고 나는 마가렛이 아름답다고 생각한다. 하지만 마가렛이 나를 어떻게 생각하는지는 모르겠다. 이 정도의 거리라면, 분명히 나를 바라볼 수 있을 것이다. 그런데 눈으로만 보는 게 아니다. 콧구멍 바로 뒤에 있는 작은 구멍 두 개로, 내 따뜻한 얼굴과 몸에서 나오는 적외선을 탐지할 수 있다. 나는 마가렛에게, 서늘한 아침 하늘을 배경으로 번쩍이는 적외선 등대처럼 보일 것이다.

이번에는 화제를 바꿔, 뱀의 열 감지 능력에 대해 살펴보기로 해요. 세 종류의 뱀이 '구멍pit'이라는 열 감지 기관을 가지고 있습니다. 그중

비단뱀과 보아뱀은 독이 없는 구렁이류로, 먹이를 휘감아 숨 막히게 해서 죽입니다. 다른 하나는 맹독성 살무사류인데, 여기에는 코튼마우스cottonmouth, 코퍼헤드copperhead, 모카신moccasin, 방울뱀이 포함됩니다. 방울뱀은 따뜻한 물체를 공격하며, 칠흑 같은 어둠 속에서도 목표물을 정조준할 수 있어요. 눈이 없이 태어나 앞을 보지 못하는 방울뱀조차도 생쥐를 죽일 수 있답니다!

살무사는 진드기 다리에 있는 센서와 비슷한 구멍으로 열을 감지합니다. 이 구멍의 형태를 이해하기 위해, 금붕어 어항 바닥에 작은 트램펄린을 놓은 후 어항을 옆으로 눕혀 봅시다. 그리고 동화 속의 엄지 공주가 되어, 어항으로 들어가 봅시다. 좁은 구멍을 통해 어항 속으로 들어가면, 공기로 채워진 더 넓은 공간을 지나 얇은 막에 도달할 거예요. 살무사의 구멍도 마찬가지예요. 적외선이 이 구멍으로 들어오면 막이 가열됩니다. 이 막에는 수천 개의 열 센서가 있어서 온도가 1000분의 1도만큼만 상승해도 반응합니다.

이러한 민감성 덕분에 살무사는 90센티미터 떨어진 곳에서도 따뜻한 설치류를 탐지할 수 있습니다. 눈가리개를 한 방울뱀이 당신의 머리 위에 앉아 있다면, 그 방울뱀은 당신의 쭉 뻗은 손가락 끝에 있는 생쥐의 온기를 느낄 수 있을 거예요. (이 점에 대해서는 전적으로 나를 믿어 주세요. 집에서는 절대 따라 하지 마시고요!)

살무사의 구멍은 우리의 눈과 비슷한 방식으로 작동합니다. 적외선을 감지하는 막은 망막과 비슷하고, 빛이 들어오는 구멍은 동공과 비슷합니다. 구멍의 너비도 동공처럼 좁아서, 막의 일부는 적외선에 의해 가열되고 다른 부분은 차가운 그늘 속에 있게 됩니다. 우리가 망막에 비친 빛을 이용하여 장면의 이미지를 구성하는 것처럼, 뱀은 이러한 뜨겁고 차가운 패턴을 이용하여 근처의 열원을 파악할 수 있습니다.

이러한 유사점은 단순한 비유법이 아니에요. 일부 과학자들은 살무사의 구멍이 실제로 '보조 눈'이라고 여기고 있어요. 뱀이 구멍으로 적외선을 보며, 그것을 '또 하나의 색깔'로 취급한다고 생각하는 거예요.

하지만 만약 구멍이 눈이라면, 아주 단순하고 시야가 흐릿할 거예요. 뱀이 구멍, 즉 보조 눈에서 얻은 정보와 '주 눈'에서 얻은 정보를 어떻게 결합하는지, 정확히 아는 사람은 아직 없습니다. (그리고 이걸 알아내기는 정말 어려울 거예요. 왜냐하면…… 음…… 뱀 연구를 직업으로 삼아 보세요!)

대단한 능력자들의 열 감지에 대한 이야기는 여기서 마칠게요. 이쯤 되면, 동물의 감각에 대한 지식이 두둑해졌다며 흐뭇해하는 사람도 있을 거예요. 하지만 감각 여행에는 끝이 없습니다. 또 다른 동물의 움벨

트를 보면, 아직 배울 것이 너무나 많다는 것을 알게 될 거예요. 후각, 시각, 열 감지 같은 감각도 어렵지만, 촉각은 훨씬 더 어렵거든요.

밀착 접촉

미안하지만, 좀 특이한 자세를 여러분에게 부탁해 볼게요. 엄지손가락 관절이 코에 닿도록 양손을 얼굴에 대고, 손바닥은 바깥쪽을 향하게 하세요. 자, 이제 눈을 감고 이런 삶을 살아가야 한다고 상상해 보세요. 아무것도 볼 수 없을 테니, 얼굴에 얹은 손으로 주변을 꾹꾹 눌러 세상을 느껴야 할 거예요. 축하합니다! 이제 별코두더지 star-nosed mole가 어떤 동물인지 대충 알게 됐을 테니 말이에요.

별코두더지는 햄스터만 한 크기의 동물로, 부드러운 털, 시궁쥐 같은 꼬리, 작은 삽처럼 생긴 발을 가지고 있어요. 북아메리카 동부 전역에서 발견되지만, 땅속에 살기 때문에 사람 눈에 띄는 경우는 거의 없습니다. 그리고 늘 어둠 속에서 살기 때문에 시각에 의존할 수가 없습니다. 그 대신 촉각을 사용합니다.

별코두더지의 기묘한 코에 있는 '별'은 '털 없는 손가락' 모양의 분홍색 살점 열한 쌍으로 이

루어져 있습니다. 눈을 가늘게 뜨고 보면, 그 별이 마치 당신을 향해 뻗어 있는 손처럼 보일지도 모릅니다. 이건 착각이 아니고, 어느 정도 사실이에요. 당신이 손으로 세상을 만지듯이, 별코두더지는 별을 이용해 세상을 만지거든요.

촉각은 연구가 가장 부족한 감각 중 하나인데, 그 중요성을 감안할 때 도무지 납득이 되지 않네요. 도구를 사용하고, 비디오 게임을 하고, 스마트폰 화면을 만질 수 있게 해 주는 것이 바로 촉각이잖아요. 그건 그렇고, 촉각이 진동·전류·질감·압력과 같은 자극에 반응하는 **기계수용체** mechanoreceptor라는 세포에 의존한다는 것은 잘 알려진 사실이에요. 우리의 손가락 끝은 이러한 세포들로 가득 차 있기 때문에 매우 민감합니다.

별코두더지의 별에도 기계수용체가 가득합니다. 이 두더지는 어두운 지하 터널을 빠르게 통과하며, 초당 열두 번씩 터널 벽에 별을 들이 댑니다. 그럴 때마다 두더지의 세상은 질감이 가득한 '별 모양의 광채' 속에서 선명하게 드러날 거예요. 그러므로 그들은 흙과 '오동통하고 촉촉한 벌레'의 차이를 확실히 느낄 수 있답니다. 덕분에, 벌레를 발견하는 즉시 게걸스럽게 먹어 치우죠.

별코두더지의 별과 우리의 손가락 끝에는 또 다른 공통점이 있습니다. 바로 움직임에 의존한다는 것입니다. 우리가 어떤 물건에 손가락을 대면, 그 물건에 대한 제한된 정보만 얻게 됩니다. 하지만 손가락으로 물건을 문지르거나 눌러 보면 모든 것이 달라집니다. 딱딱함이나 부드러움, 매끄러움이나 거칢을 느낄 수 있으니까요. 이처럼 손가락의 움직임은 촉각을 '다소 거친' 감각에서 '섬세하고 정교한' 감각으로 바꿔 줍니다.

별코두더지도 우리보다 민첩하게 움직이지만, 그들의 별은 우리의 손가락보다 훨씬 더 빠르게 움직입니다. 그들은 맛있는 곤충을 별로 톡톡 두드려, 그게 먹이임을 단박에 알아채고는 꿀꺽 삼킵니다. 그러고는 눈 깜짝할 사이에 다음 먹이를 찾기 시작합니다! 별코두더지는 동물에게 촉각이 얼마나 중요한지를 보여 주는 모범 사례라고 할 수 있어요. 그리고 어떤 종은 손(예: 인간)이나 발(예: 바다수달, 너구리)로 세상을 만지지만, 어떤 종은 기상천외한 신체 부위를 사용할 수 있다는 것을 일깨워 줍니다. 별코두더지만큼이나 특이한 사례를 들어 보면, 새는 부리를 사용하고 에메랄드는쟁이벌emerald jewel wasp은 독침을 사용합니다. 그리고 많은 포유류는 특화된 털, 즉 수염을 사용합니다.

수달의 놀라운 감각

바다수달을 떠올릴 때, 당신은 아마도 수면에 등을 대고 둥둥실 떠 있는 귀여운 생명체를 떠올릴 거예요. 심지어 다른 수달의 발을 잡고 있는 모습을 떠올릴지도 몰라요. 정말 귀엽죠! 하지만 사실, 바다수달은 이렇게 차분하거나 게으른 성격이 결코 아니에요. 호기심이 많고 안절부절못하며, 정말 다재다능한 발을 가지고 있습니다. 바다수달은 대부분의 시간을 무언가를 붙잡고 가지고 놀며 보내지, 한시도 가만히 있는 법이 없답니다.

왜 그럴까요? 주변 환경 때문이에요. 바다수달은 북미 서해안의 차가운 바다에 서식하고 있습니다. 이런 악조건에서, 그들은 동물계에서 가장 빽빽한 털을 가지고 있음에도 불구하고 열을 빨리 잃을 수밖에 없어요. 그러므로 체온을 유지하기 위해 매일 자기 몸무게의 4분의 1에 해당하는 먹이를 먹어야 합니다. 사정이 이러하다 보니, 바다수달은 먹이를 찾아 끊임없이 물속으로 뛰어듭니다. 그들은 뭐든 닥치는 대로 잡아먹습니다.

바다수달의 발은 콜리플라워의 머리처럼 생겼고, 어떻게 보면 울퉁불퉁한 손모아장갑 같기도 합니다. 하지만 보기와 달리 매우 예민해서 질감에 기반하여 신속하고 자신 있는 결정을 내릴 수 있습니다. 만약 어떤 물체를 더듬었는데 돌멩이처럼 느껴진다면, 바다수달은 과감히 포기하고 다른 물체를 찾아 떠납니다. 그러나 조개, 전복, 성게처럼 느껴지면, 어획물을 홱 낚아챈 후 물 위로 헤엄쳐 올라가 먹습니다. 언뜻 들으면 시간이 좀 걸릴 것 같지만, 이 모든 과정은 순식간에 이루어집니다.

원격 촉각

새의 부리는 뼈와 케라틴(사람의 손톱을 구성하는 물질)으로 이루어져 있습니다. 겉보기에는 그다지 민감해 보이지 않지만, 대부분의 새 부리에는 진동과 움직임에 반응하는 기계수용체가 가득합니다.

오리 부리의 어떤 부위에는 촉각수용체가 사람의 손가락만큼이나 빽빽하게 들어차 있습니다. 오리는 이렇게 예민한 부리를 사용하여 탁한 물속에서도 먹잇감을 척척 찾습니다. 어둠 속에서 빠르게 헤엄치는 올챙이를 잡아

먹고, 오물투성이인 진흙 속에서 맛있는 먹이를 골라낼 수도 있어요.

어떤 새들은 어두컴컴한 틈새에 부리를 쑤셔 넣어 먹이를 찾아냅니다. 도요, 마도요, 붉은가슴도요와 같은 도요새들은 해변의 모래사장을 뒤져 지렁이나 조개 같은 '묻힌 보물'을 찾을 때 이렇게 합니다. 하지만 도요새들이 그저 행운을 바라고 아무 데나 다짜고짜 부리를 밀어 넣는 건 절대 아니랍니다.

그 대신 도요새들은 원격으로 작용하는 특별한 형태의 촉각을 사용합니다. 붉은가슴도요의 부리가 모래에 박히면, 모래알 사이로 가느다란 물줄기가 흐릅니다. 이로 인해 압력파가 발생하고, 이 압력파는 밖으로 퍼져 나갑니다. 조개나 돌처럼 단단한 물체가 진로를 가로막으면, 물은 그 주변으로 흐릅니다. 이로 인해 압력의 패턴이 바뀌는데, 붉은가슴도요의 부리는 이러한 변화를 감지합니다. 실제로 만져 보지 않고도 촉각을 통해 무언가의 존재를 감지할 수 있는 거예요! 어느 정도냐 하면, 심지어 부리가 닿지 않는 곳에 묻혀 있는 조개도 감지할 수 있답니다.

과학자들은 이를 '원격 촉각'이라고 부르는데, 다른 새들도 이런 능력을 가지고 있습니다. 예컨대 따오기는 진흙투성이 습지를 쑤실 때, 뉴질랜드에 사는 키위새는 나뭇잎 더미를 뒤질 때 이런 촉각을 사용합니다.

살아 있는 시체들의 밤

에메랄드는쟁이벌은 촉각과 '정신 조종'의 달인입니다!

길이 1인치에 불과한 이 금속성 초록색 곤충은 바퀴벌레에 기생해서 사는 기생충입니다. 암컷은 바퀴벌레를 발견하면 긴 독침으로 두 번 찌릅니다. 첫 번째는 몸통을 찔러 바퀴벌레의 다리를 마비시키고, 두 번째는 뇌를 찔러 바퀴벌레를 순종적인 좀비로 만드는 독을 주입합니다.

일단 목표물을 찾으면, 이 벌은 마치 사람이 반려견을 산책시키듯 더듬이를 이용해 바퀴벌레를 벌집으로 유인합니다. 그곳에서, 벌은 바퀴벌레의 몸에 알을 낳습니다. 나중에 부화한 애벌레는 바퀴벌레를 산 채로 먹어 치웁니다. 안에서부터 밖으로 야금야금!

이 악몽 같은 과정은 에메랄드는쟁이벌의 두 번째 독침—정신 조종용 독침—에 달려 있습니다. 이 독침은 바퀴벌레의 뇌를 정확히 조준해야 합니다. 벌은 바퀴벌레의 머릿속을 들여다볼 수 없을 텐데 어떻게 그게 가능할까요? 바로 탁월한 촉각을 이용하는 것입니다. 벌의 침은 드릴, 독 주입기, 산란관일 뿐만 아니라 감각 기관이기도 합니다. 벌은 침 끝을 이용해 바퀴벌레 내부를 더듬어, 뇌의 독특한 질감을 느낄 수 있습니다. 뇌가 어떤 느낌인지 잘 알고 있거든요!

극도로 민감한 센서

동물계 전체를 통틀어, 많은 동물이 긴 곡선형 촉각 기관을 사용하여 길을 찾습니다. 예컨대, 대부분의 곤충은 더듬이를 사용하여 주변 환경을 감지합니다. 어떤 물고기는 매우 민감한 지느러미를 가지고 있어요. 심지어 인간도 이런 식으로 길을 찾습니다. 시각 장애인이 지팡이로 길을 찾는 모습을 떠올려 보세요.

많은 포유류는 수염이라는 특수한 털을 사용합니다. 이를 **코털** vibrissae이라고도 하는데, 이 용어는 '진동'을 뜻하는 라틴어 비브라테 vibrate에서 유래했습니다. 수염은 일반적으로 얼굴에 나 있으며, 다른 신체 부위에 있는 털보다 길고 굵으며 움직임이 더 자유롭습니다. 가장 중요한 것은, 각 수염이 있는 부위에 기계수용체와 신경이 가득하다는 거예요.

생쥐나 시궁쥐가 수염을 앞뒤로 흔드는 동작을 수염질whisking이라고 하는데, 이는 우리가 눈으로 하는 일과 유사한 작업에 수염을 사용하는 것입니다. 즉, 설치류는 전방 영역을 지속적으로 탐색함으로써 주변 환경을 인식합니다. 생쥐는 주둥이의 긴 수염으로 무언가를 감지하면, 턱과 입술의 짧은 수염으로 더욱 자세히 탐색합니다. 마치 우리가 주변 시야에서 무언가를 탐지하고, 중심 시야의 예리한 부분으로 초점을 맞추는 것처럼 말이에요.

포유류가 수염을 사용해 온 역사는 포유류가 지구상에 존재해 온 역사와 거의 일치합니다. 시궁쥐와 주머니쥐opossum는 오늘날에도 여전히 수염을 사용합니다. 고양이와 개는 '움직이는 수염'을 가지고 있지만, 수염질을 하지는 않습니다. 인간은 다른 유인원과 마찬가지로 탐색용 수염을 완전히 잃었고, 그 대신 민감한 손을 가지고 있어요. 고래와 돌고래는 수염을 가지고 태어나지만, 입술과 분수공blowhole 주변을 제외하고는 수염이 금세 빠집니다. 이건 말이 되는 것 같아요. 물속에서는 수염을 사용하기가 너무 어려울 테니 말이에요. 하지만 잠시 후 살펴볼 것처럼, 수염 자체는 해수면 아래에서도 여전히 유용하게 사용될 수 있답니다.

현장 속으로

동물: 매너티 manatee

장소: 플로리다주 사라소타에 있는 모테 해양연구소 Mote marine Laboratory

물속에 있는 휴(본명은 그 유명한 휴 매너티 Hugh manatee……)의 앞에 내 손을 넣었더니, 휴는 구강 원반 oral disk을 이용해 손을 탐색한다. 구강 원반은 휴의 윗입술과 콧구멍 사이의 영역으로, 약 2,000개의 코털로 덮여 있다. 이것은 근육으로 이루어져 있어서 물건을 움켜쥐는 데 효과적이다. 일반적인 입술보다는 코끼리의 코에 더 가까우며, 매우 민감한 촉각 기관이기도 하다.

매너티는 구강 원반을 이용해 물체를 탐색하는데, 이는 우리가 손을 사용하는 방식과 비슷하다. 이러한 행동을 **입질** oripulation이라고 하며, 매너티들은 누군가를 만날 때 서로의 얼굴과 지느러미에 입질을 한다. 그리고 닻줄부터 사람의 다리에 이르기까지 주변의 모든 것에 입질을 한다.

휴가 내 손에 입질할 때는 개가 핥는 것과 매우 비슷하다(단, 혀가 없다는 점만 빼면 말이다). 휴의 코털이 내 손바닥 위에서 춤을 추는데, 어떤 것들은 길고 가늘고 뻣뻣하고 어떤 것들은 짧고 뾰족하다. 내 손가락 끝을 샤포로 가볍게 문지르는 것 같은 느낌이 든다.

매너티는 다른 종류의 털이 없고 오로지 수염만 있는 것으로 알려진 유일한 포유류다. 구강 원반에 있는 수염 외에도, 온몸에 약 3,000개의 수염이 흩어져 있다. 온몸에 난 수염을 이용하여, 매너티는 멀리 있는 동물이나 물체가 만들어 내는 수류(주변 물의 흐름)의 변화를 감지한다. 야생에서는 이 능력을 이용하여 수류의 방향을 판단하고 다른 매너티를 찾을 가능성이 높다.

휴를 비롯한 매너티는 특화된 감각 기관을 통해 우리 주변에서 흐르는 숨겨진 신호와 보이지 않는 정보의 흐름을 파악할 수 있다.

잔점박이물범 harbor seal은 주둥이와 눈썹에 약 100개의 수염을 가지고 있습니다. 이 수염 덕분에, 그들은 우리가 갖지 못한 놀라운 능력을 지니게 되었어요. 그건 바로 촉각을 통해 물고기를 추적할 수 있다는 거예요. 물고기는 헤엄칠 때 **유체역학적** 흔적을 남깁니다. 이 흔적을 항적이라고 하며, 물고기가 지나간 후에도 오랫동안 계속 소용돌이치며 흐릅니다. 물고기의 항적은 매우 희미한데, 우리는 느낄 수 없지만 물범은 느낄 수 있습니다. 수염을 이용하여, 그들은 약 200미터(축구장 두 개 길이) 떨어진 곳에서도 물고기를 추적할 수 있어요.

나는 캘리포니아주 산타크루즈에 있는 롱 마린 연구소Long Marine Laboratory에서, 스프라우츠sprouts라는 이름의 잔점박이물범이 이런 행동을 하는 것을 보았어요. 스프라우츠의 조련사이자 과학자인 콜린 라이히무스Colleen Reichmuth가 긴 막대를 사용하여 눈가리개를 한 스프라우츠 앞으로 테니스공을 옮기고 있었어요. 그러자 몇 초 후, 스프라우츠는 수염을 이용하여 공의 항적을 탐지했어요. 그러고는 마치 보이지 않는 밧줄을 따라가듯, 상하좌우로 정확하게 그 궤적을 따라가는 것이 아니겠어요? 정말 놀라운 광경이었어요.

인간의 경우, 촉각은 현재형이며 촉각 센서가 무언가와 접촉할 때 발생합니다. 하지만

잔점박이물범의 수염은 물고기를 추적하는 데 도움이 됩니다.

스프라우츠의 경우, 촉각은 현재에 갇혀 있지 않고 가까운 과거까지 확장됩니다. 즉, 스프라우츠는 수염을 이용하여 현재의 상황을 파악할 뿐만 아니라 과거의 흔적까지도 더듬을 수 있는 거예요.

한편, 스프라우츠가 사냥하는 물고기들이 그냥 당하고만 있는 건 아니에요. 물고기도 그들 나름대로 놀라운 유체역학적 능력을 가지고 있습니다. 포식자가 물고기 떼를 공격할 때, 물고기들은 무작위 방향으로 도망치지도, 서로 부딪히지도 않아요. 그 대신, 공격자 주변을 마치 물처럼 맴돌며 흐르는 것같이 보입니다. 이 기적 같은 조정 과정은 부분적으로 시각에 의존합니다. 하지만 물고기의 머리와 옆구리 곳곳에 있는 **측선**이라고 불리는 촉각 센서 네트워크도 단단히 한몫을 합니다. 이 네트워크를 통해 물고기는 헤엄치는 동안 수류를 감지할 수 있어요. 벽에 부딪힐지, 아니면 다른 물고기와 충돌할지도 알 수 있어요. 그리고 무리 지어 헤엄칠 때는, 가장 가까운 이웃 물고기들의 속도와 방향에 맞춰 헤엄칠 수도 있습니다.

포식자가 물고기에게 달려들면, 밀려오는 물의 흐름이 가장 가까운 물고기의 측선을 자극하여 쏜살같이 도망치게 합니다. 이것이 다음 물고기의 측선을 자극하고, 그다음 물고기의 측선을 자극하고…… 이런 식으로 계속됩니다. 그리하여 공포의 물결이 퍼져 나가고, 물고기 떼는 마법처럼 갈라져 마치 포식자 주변을 흐르는 것처럼 보입니다. 이처럼 물고기의 촉각은 주변 물고기들과 연결되어 '조정된 전체'로서 함께 행동할 수 있도록 합니다. 측선 덕분에, 심지어 앞을 보지 못하는 물고기도 무리 지어 헤엄치는 데 아무런 문제가 없답니다.

우락부락하지만, 극도로 민감한 악어

악어의 턱을 유심히 살펴본 적이 있나요? 턱 가장자리를 따라 '짙은 색의 돌출된 돔'이 줄지어 있는데, 울퉁불퉁하고 온통 새까매서 '여드름과 뒤섞인 턱수염'을 연상케 합니다. 하지만 이 돔 모양의 돌기는 신경 종말nerve ending로 가득 찬 압력 센서로, 수면의 진동을 감지할 수 있습니다.

신경 종말이란 뉴런의 끝부분으로, 신경 전달 물질 방출을 통해 다른 세포와 정보를 교환하는 역할을 합니다. 압력 센서는 매우 민감해서, 수조에 물이 한 방울이라도 떨어지면 악어는 즉시 몸을 돌려 그 움직임을 향해 돌진할 거예요. 심지어 눈과 귀가 가려졌더라도 말이죠.

이 돌기를 이용하여, 악어는 공기와 물이 만나는 수면의 얇은 층을 탐색합니다. 얕은 물에 매복한 채, 무언가가 물속에 떨어지거나 물을 마시러 물가로 오기를 기다립니다. 이 장갑차처럼 우락부락하게 생긴 동물은 생긴 그

대로 잔인하고 무감각해 보입니다. 하지만 사실은 극도로 예민하답니다!

셋

깃털과 기류

인간의 경우, 촉각은 대부분 직접적인 접촉을 의미합니다. 천장 선풍기에서 나오는 강한 기류는 느낄 수 있지만, 실제로 무언가를 만지지 않는 한 다른 것은 거의 느낄 수 없습니다. 하지만 동물들은 다릅니다. 우리는 이미 앞의 '극도로 민감한 센서' 부분에서 물범, 물고기, 매너티가 물속에서 원격 촉각을 어떻게 사용하는지 살펴보았습니다. 그런데 어떤 동물들은 공중에서 원격 촉각을 사용할 수 있습니다.

공작만큼 눈에 띄는 새는 거의 없을 텐데, 이것은 화려한 빛깔의 꽁지 깃털 덕분입니다. 하지만 공작은 종종 간과되는 또 다른 깃털을 가지고 있습니다. 바로 머리 위에 있는, 뺏뺏하고 눈길을 끄는 관모crest입니다.

수컷 공작이 암컷을 유혹하기 위해 꽁지를 흔들 때, 꽁지 깃털은 초당 26회의 속도로 흔들립니다. 이는 암컷의 관모 깃털이 가장 강하게 진동할 때의 주파수와 정확히 같습니다. 이게 우연일까요? 음, 아마도 아닐 거예요!

이처럼 정확한 일치는, 암컷 공작이 수컷의 화려한 꽁지 깃털을 볼 뿐만 아니라 그 진동을 느끼고 있음을 시사합니다. 이 반대도 성립하는데, 수컷의 깃털을 감상한 암컷이 때때로 자신의 깃털을 수컷에게 보여 주기 때문이에요. 따라서 공작의 과시 행위에는 항상 눈에 보이지 않는 비밀스러운 요소가 포함되어 있습니다.

공룡은 왜 깃털을 진화시켰을까요?

새가 공룡에서 진화했다는 것은 분명하며, 많은 공룡들이 일종의 깃털, 즉 '공룡 솜털'로 덮여 있었다는 것도 분명합니다. 그런데 궁금한 점이 하나 있어요. 비행하기에는 너무 단순한 구조였을 이 깃털은 맨 처음에 왜 진화했을까요? 틀림없이 다른 이유가 있었을 거예요.

혹시 일종의 촉각 센서로 진화한 건 아닐까요?

납득할 만한 설명이 있습니다. 섬새puffin와 비슷한 바닷새인 흰수염작은바다오리whiskered auklet는 머리에 커다란 검은 관모가 있는데, 이를 이용하여 자신이 사는 바위 틈새의 벽을 탐색합니다. 사실, 동물이 이런 식으로 촉각을 확장하는 데는 몇 개의 강모bristle(짧고 뻣뻣한 털)만으로도 충분합니다. 따라서 깃털은 처음에는 공룡의 머리나 팔에 작은 '털 뭉치'로 나타나 촉각을 돕는 역할을 했을 테고, 나중에야 이러한 구조가 새의 '비행 가능한 깃털'로 진화했을 것으로 추정됩니다.

대부분의 새들은 깃털을 사용하여 기류를 감지합니다. 그중에서 가장 큰 깃털은 대개 아래쪽에 모상우filoplume(털 모양의 깃털)라는 작은 곁다리 깃털을 가지고 있습니다. 모상우는 새들이 헝클어진 깃털을 관리하는 데 도움을 줍니다. 하지만 이 털은 비행 중에 특히 중요합니다.

새가 나는 것은 쉬워 보이지만, 실제로는 그렇지 않습니다. 새들은 날면서 날개의 모양과 각도를 끊임없이 조절합니다. 날개의 모양과 각도가 제대로 조절되면, 공기가 각 날개 위로 부드럽게 흐르며 양력lift을 발생시켜 새를 공중에 띄웁니다. 하지만 잘못 조절되면, 양력이 사라져 새는 공중에서 멈춰 버립니다. 이 문제를 빨리 해결하지 못하면 말 그대로 하늘에서 떨어지게 됩니다.

하지만 이런 일은 거의 일어나지 않는데, 이는 부분적으로 모상우 덕분입니다. 이 작은 깃털은 새들이 날개를 빠르게 조정하고 공중에 머무르는 데 필요한 정보를 제공합니다. 새들이 빨리 날거나 심지어 바람, 비, 진눈깨비, 눈 속에 있는 동안에도 이러한 정보 제공은 계속됩니다.

박쥐도 새와 비슷합니다. 박쥐의 날개는 새의 깃털 날개와는 매우 다르지만, 박쥐의 날개 역시 접촉에 민감한 털로 덮여 있습니다. 이 털은 대부분 날개 뒤쪽에서 앞쪽으로 흐르는 공기에만 반응하는데, 이런 기류는 보통 박쥐가 추락하기 일보직전에 발생합니다. 새와 마찬가지로, 박쥐도 이러한 순간을 감지하고 신속하게 바로잡을 수 있습니다. 이 털 덕분에 박쥐는 빠르게 방향을 바꾸고, 공중에 떠다니고, 곤충을 잡기 위해 뒤로 공중제비를 돌며, 심지어 거꾸로 착륙할 수도 있습니다.

손만 한 크기의 거미류인 떠돌이호랑거미tiger wandering spider도 털을 사용하여 기류를 감지하지만, 그 목적은 매우 사악합니다. 이 거미의 다리는 감각모trichobothria라는 특수한 털로 덮여 있는데, 이 털은 매우 민감하여 아주 약한 바람에도 구부러질 수 있습니다. 현미경으로 감각모를 관찰하면, 주변의 모든 것이 정지해 있는데도 인간이 감지할 수 없는 기류의 영향으로 나풀거리는 것을 볼 수 있습니다. 떠돌이호랑거미는 각 다리에 있는 100개의 감각모를 이용하여 온몸을 둘러싼 공기의 흐름을 감지할 수 있습니다. 그리고 이 능력을 이용하여 지나가는 파리도 감지할 수 있습니다.

파리는 날 때 앞쪽의 공기를 밀어 냅니다. 이로 인해 어떤 동물도 느낄 수 없을 만큼 미세한 바람이 발생합니다. 하지만 떠돌이호랑거미는 감각모를 이용하여 이 미풍을 감지합니다. 파리가 사정거리(4센티미터 이내)에 접근하면, 거미가 파리를 향해 돌아섭니다. 그리고 파리가 거미의 다리 위로 지나가는 순간, 거미는 뛰어올라 파리를 움켜잡은 후 착지하여 독니로 깨뭅니다.

  이 놀라운 능력은 우리 주변의 공기가 우리가 감지하거나 완전히 이해하지 못하는 온갖 신호들로 가득 차 있다는 것을 일깨워 줍니다. 우리 발 아래의 땅도 마찬가지입니다.

7장

흔들리는 땅
표면 진동

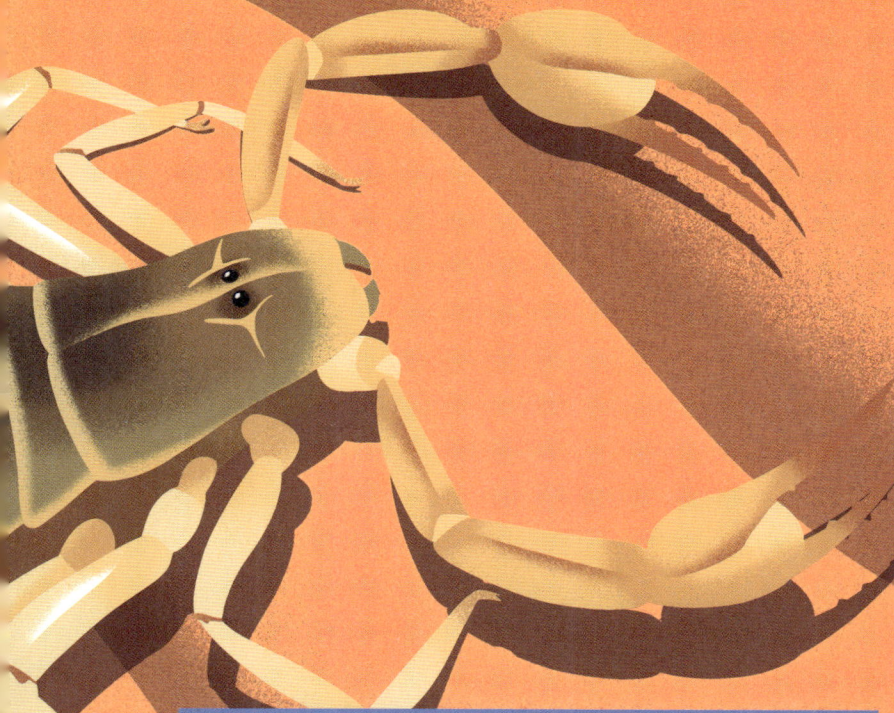

하나. 발밑의 잔물결
둘. 진동을 통한 의사소통
셋. 거미의 감각

발밑의 잔물결

모하비 사막에 밤이 찾아오면 모든 것이 고요해집니다. 하지만 모래 언덕은 진동으로 웅웅거립니다. 곤충들이 먹이를 찾아 하나둘씩 밖으로 기어 나오는 동안, 그들의 작은 발이 희미한 진동을 만들어 내며 퍼져 나가기 때문입니다. 연못에 돌멩이를 던질 때 생기는 잔물결을 생각해 보세요. 곤충들이 발을 내디딜 때마다 잔물결 같은 것이 땅을 가로질러 움직이며 지표면이 오르락내리락합니다! 이러한 움직임은 너무 작아서 보통은 볼 수 없습니다. 심지어 느낄 수도 없을 거예요. 하지만 모래전갈sand scorpion은 느낄 수 있습니다.

전갈은 독침, 집게발, 여덟 개의 다리를 가진 치명적인 사냥꾼입니다. 각 다리의 관절—사람들은 이것을 발목이라고 부릅니다—에는 여덟 개의 작은 틈이 있는데, 이 틈이 바로 진동 센서입니다.

곤충의 발자국에서 비롯된 희미한 잔물결이 전갈에게 도착하면, 발밑의 모래가 들썩이며 전갈의 발을 들었다 났다 하므로 '틈'이 좁아졌다 넓어졌다 합니다. 전갈은 이러한 변화를 감지하고, 근처에 먹잇감이 있다는 것을 알아차립니다. 곧이어 여러 잔물결이 각 다리에 도달하는 시점을 비교·분석하여 정확한 방향을 알아냅니다. 마지막으로,

그쪽으로 돌진하여 필살의 무기인 독침으로 먹이를 사냥합니다.

솝코피의 지렁이 사냥 축제

매년 4월, 미국 플로리다주의 솝코피 마을에서는 지렁이 사냥 축제가 열립니다. 이 오래된 전통 행사의 내용은 이렇습니다. 주민들이 숲속으로 들어가 땅에 말뚝을 박은 다음 쇳조각으로 말뚝을 긁어 강한 진동을 만듭니다. 그러면 잠시 후, 지렁이 수백 마리가 땅속에서 후다닥 기어 나오고, 주민들은 지렁이들을 양동이에 주워 담아 낚시용 미끼로 판매합니다.

지렁이들은 왜 이런 멍청한 행동을 할까요? 지렁이는 두더지가 땅을 파는 소리, 혹은 그 비슷한 것을 감지하면 황급히 땅 위로 올라가는 습성이 있습니다. 두더지의 먹이인 지렁이들에게 이것은 보통 현명한 전략입니다. 왜냐하면 두더지는 땅 위에서 먹이를 찾지 않기 때문입니다.

그런데 땅 위에서 지렁이를 사냥하는 몇몇 포식자들은 지렁이의 약점을 용케 알고 있답니다. 땅바닥을 일부러 두들기면, 지렁이들을 속여 땅 위로 기어 나오게 할 수 있다는 것을 말이죠. 대표적인 사례는 재갈매기 herring gull와 나무거북 woodturtle입니다. 플로리다의 지렁이 사냥꾼들도 그런 약삭빠른 포식자 중 하나입니다! 그들은 수십 년 동안, 자신도 모르는 사이에 두더지의 진동을 모방해 왔던 거예요.

사실, 우리 발밑의 땅은 진동으로 가득 차 있습니다. 이것은 동물들이 걷고, 춤추고, 발을 구르고, 몸을 흔들 때 생성되는 '표면파'입니다. 대부분의 사람들은 이러한 진동 세계를 잘 알지 못하지만, 모래전갈을 비롯한 많은 동물이 이 진동에 의존합니다.

아프리카 나미브 사막에 서식하는 황금두더지golden mole도 그중 하나입니다. 그들은 비단결 같은 털북숭이로, 여러분의 손바닥에 쏙 들어갈 만큼 작고 귀엽습니다. 밤이 되면 굴에서 나  와, 맛있는 흰개미를 찾아 모래 언덕 위를 어슬렁거립니다. 흰개미는 모래 언덕의 풀 더미 근처에 둥지를 짓고, 바람이 모래 언덕 위로 불어오면 부드러운 저주파 진동을 만들어 냅니다. 황금두더지는 머리와 어깨를 모래 속에 푹 담근 채 이 진동을 감지하여, 흰개미가 어디에 있는지 알아내는 신공을 발휘합니다. 눈이 멀어서 앞을 보지 못하지만, 감각이 매우 정확해서 풀 더미 사이를 곧게 걸을 수 있답니다.

그 밖의 다른 사냥꾼들은 적절한 진동이 자신에게 도달하기를 기다립니다. 명주잠자리antlion의 애벌레인 개미귀신doodlebug의 경우, 모래 속에 원뿔 모양의 구덩이를 파고 그 바닥에 숨어 있습니다. 몸은 모래 속에 파묻고, 주둥이만 밖으로 내놓은 채 거대한 턱을 쩍 벌리고 개미를 기다리지요.

개미귀신이 파 놓은 구덩이는 함정입니다. 이 구덩이의 측면은 무너지지 않을 만큼 기울기가 완만하지만, 개미가 일단 발을 들이면 미끄러져 내려갈 만큼 제법 가파릅니다. 맨 아래에서 기다리는 개미귀신의 몸은 개미 발의 진동을 감지하는 강모로 뒤덮여 있습니다. 개미귀신은 멋모르고 함정에 발을 들여놓은 개미에게 모래를 뿌려 모래사태를 일으키고, 무너진 모래 더미에 휩싸인 개미는 하릴없이 개미귀신의 턱 속으로 굴러떨어지게 됩니다.

모래전갈, 황금두더지, 개미귀신의 진동 세계는 인간을 둘러싼 소리의 세계와는 다릅니다. 소리(음파)도 진동의 일종이지만, 공기 속에서 진행 방향으로 진동합니다. 슬링키(스프링 장난감)를 앞뒤로 잡아당겼다가 놓는 것을 상상해 보세요. 하지만 표면파는 땅속에서 진행 방향과 수직으로 진동합니다. 슬링키를 위아래로 흔드는 것을 상상해 보세요. 이 파동은 들리지 않으므로, 느껴야만 합니다.

많은 동물이 표면파를 느낄 수 있을 만큼 예민하지만, 대부분의 인간은 그렇지 않습니다. 스피커의 저음이나 휴대폰의 진동은 제쳐놓고, 대부분의 사람들은 다른 동물들이 경험하는 진동의 풍경을 놓치고 있어요. 그래서 표면 진동은 오랫동안, 심지어 감각을 연구하는 과학자들에게조차 무시되어 왔죠. 연구자들은 동물들이 둥둥거리고, 쿵쾅거리고, 몸을 흔들고, 부르르 떠는 모습을 보고, '누군가에게 보이거나 들려주기 위해 신호를 보내는 것'이라고 생각했어요. 이러한 움직임이 생성하는 표면파를 무시한 거예요.

이것은 감각 생물학자들과 우리 모두에게 교훈을 줍니다. 우리는 선입견에 사로잡힌 나머지, 우리 바로 앞에 있는 것, 또는 바로 발밑에 있는 것을 놓치는 경우가 허다하거든요.

현장 속으로

동물: 빨간눈청개구리 red-eyed tree frog
장소: 코스타리카 코르코바도 국립 공원

1990년대 당시 박사 과정 학생이었던 카렌 워켄틴 Karen Warkentin은 놀라운 사실을 발견했다. 워켄틴은 코스타리카의 코르코바도 국립 공원에 서식하는 수많은 빨간눈청개구리들을 관찰하고 있었다. 이 개구리들은 밝은 무지개빛을 띠며, 번식력이 강해서 하룻밤에 무려 알을 100개나 낳을 수 있다. 엄마 개구리는 자기가 낳은 알을 젤리 거품으로 포장하여, 물 위에 드리워진 나뭇잎에 붙여 놓는다. 그러면 안전할 것 같지만…… 천만의 말씀! 천적인 고양이눈뱀 cat-eyed snake이 어디선가 소리 없이 나타나, 금이야 옥이야 보살피던 알을 송두리째 먹어 치운다.

그런데 워켄틴이 알로 뒤덮인 나뭇잎을 실수로 건드릴 때마다 이상한 일이 일어났다. 어김없이 올챙이 몇 마리가 금세 부화하는 게 아닌가! 이 올챙이들은 불의의 사고로 터진 알에서 수동적으로 쏟아져 나오는 것이 아니었다. 그보다는 차라리, 일부러 알을 터뜨리고 알에서 적극적으로 도망쳐 나오는 것처럼 보였다!

워켄틴은 면밀한 분석과 연구를 통해, 아직 태어나지 않은 올챙이들이 결코 무력하지 않다는 것을 깨달았다. 수정 후 4일이 되면, 이 배아들은 뱀의 '씹는 턱'의 진동을 감지할 수 있는 능력을 얻는 것으로 나타났다. 비, 바람, 발자국 등으로 인한 진동과는 별개로, 올챙이들은 이러한 불길한 징조를 구별할 수 있다. 일단 뱀의 공격을 감지하면, 올챙이들은 과감한 탈출을 시도한다. 먼저, 알껍질을 분해하는 화학 물질을 분비한다. 그런 다음 물렁물렁해진 알껍질을 뚫고 일찌감치 부화하여, 물속으로 다이빙함으로써 뱀의 위협에서 벗어난다. 이 놀라운 능력은, 어떤 동물들은 세상에 발을 들여놓기도 전에 세상을 감지할 수 있다는 것을 보여 준다.

나뭇잎에서 노래 부르는 뿔매미.

둘

진동을 통한 의사소통

나는 미주리주 컬럼비아에 있는 한 연구실에서 과학자 렉스 코크로프트와 함께 식물 한 그루를 바라보고 있습니다. 식물의 잎사귀에는 뿔매미라는 작은 곤충이 앉아 있습니다. 커다란 주황색 눈과 조개껍데기처럼 보이는 흑백 질감을 가진 이 곤충은 배 근육을 수축·이완시키며, 식물을 통해 이 진동을 전달하는 방식으로 노래를 부르고 있어요.

내 귀에는 진동이 들리지 않지만, **진동계**라는 장치가 진동을 음파로 변환하여 나에게 들려줍니다. 진동계에서 들리는 웅웅거리는 소리는, 놀랍도록 깊은 울음소리로, 고양이의 가르랑거리는 소리보다는 사자의 으르렁거리는 소리에 더 가깝습니다. 작은 곤충이 이런 소리를 낸다는 게 믿기지 않아요! 뿔매미를 전문적으로 연구하는 코크로프트도 믿기지 않는 건 마찬가지예요.

뿔매미의 종류는 3,000종이 넘습니다. 이 '수액을 빨아 먹는 곤충'에 대해 들어 본 적은 없겠지만, 정원이나 공원에 한 번이라도 가 본 적이 있다면 분명 가까이에서 본 적이 있을 거예요. 뿔매미들은 진동하는 노래로 우리 주변의 녹색 공간을 가득 채웁니다. 그리고 이 노래들은 그때그때 고유한 의미를 지닙니다. 어떤 새끼들은 근처에서 위험을 감지하면, 어미를 부르기 위해 마치 약속이라도 한 듯 일제히 진동을 생성하거든요. 그리고 어떤 어미들은 새끼들에게 포식자를 유인하지 않도록 조용히 하라고 타이르기 위해 진동으로 응답합니다. 어떤 뿔매미 종은 표면파를 사용하여 무리를 짓고, 어떤 종은 진동을 사용하여 짝을 유혹합니다. 뿔매미 수백 마리가 하나의 식물에 모여 동시에 진동할 수도 있습니다. 그러다 보면, 도움을 요청하는 울음소리, 달래는 속삭임, 함께 놀자는 초대가 뒤섞여 하나의 줄기를 점령할 수도 있을 거예요.

인간은 이러한 노래를 들을 수 없기 때문에, 대부분의 사람들은 그 존재를 전혀 인지하지 못합니다. 하지만 코크로프트는 수년간 이 노래들을 녹음해 왔고, 그가 들려주는 뿔매미의 노래 모음집을 감상할 때마다 나는 놀라움을 금치 못합니다.

이 노래들은 잊히지 않고 귓가에 맴돌며, 매혹적이고 놀랍습니다. 뿔매미의 노래는 귀뚜라미의 익숙한 고음과 전혀 다릅니다. 오히려 새, 유인원, 심지어 악기 소리처럼 들립니다. 노래는 종종 깊고 구성지게 들리는데, 어쩌면 곤충들에게도 그렇게 들릴지 몰라요. 내가 들은 녹음 중 하나는 지루한 부릉-부릉-부릉 소리로 시작해서 충격적이게도 반은 음매, 반은 비명처럼 들리는 소리로 끝납니다. 마치 다른 세상에서 들려오는 듯한 소리예요.

이 노래들이 다른 세상에서 온 것처럼 들리는 데는 그럴 만한 이유가 있어요! 뿔매미의 진동은 공중에 떠다니는 음파와 동일한 물리 법

칙을 따르지 않거든요. 공기 중에서 동물이 내는 소리의 음높이는 일반적으로 몸집에 비례합니다. 그래서 생쥐가 울부짖거나 코끼리가 찍찍대는 불상사는 발생하지 않아요.

하지만 표면파의 경우에는 몸집과 음높이 간의 비례 관계가 성립하지 않기 때문에, 작은 동물도 큰 동물 같은 소리를 낼 수 있어요. 뿔매미는 저주파 진동을 만들어 내는데, 이것이 우리 귀에는 훨씬 더 큰 동물에게서 나는 소리처럼 들립니다.

뿔매미는 표면 진동을 사용하는 수많은 동물 중 일부에 불과합니다. 가면 쓴 자작나무 애벌레masked birch caterpillar는 엉덩이를 나뭇잎에 문질러 다른 애벌레들을 초대합니다. 아카시아개미acacia ant는 자신이 사는 나무의 잎을 씹어 먹는 염소의 진동을 감지하고, 이 정보를 이용하여 나무를 우적우적 씹어 먹는 염소로부터 나무를 보호합니다.

심지어 우리가 들을 수 있는 울음소리를 내는 종들도 우리가 평소에 들을 수 없는 진동 신호를 보냅니다. 코크로프트가 녹음한 매미의 진동은 '맴맴'이 아니라 소 울음소리 같고, 여치의 진동은 '쓰르르'가 아니라 전기톱 돌아가는 소리 같아요.

갑자기, 내가 반려견 타이포를 산책시킬 때 주변에 울려 퍼질지도 모를 합창 소리가 느껴집니다. 타이포와 나의 발자국이 발밑의 땅에 파문을 일으키고, 주변 식물들이 수많은 곤충의 노랫소리로 가득할 테니 말이에요. 우리는 거의 신경 쓰지 않지만, 진동의 세계는 항상 이곳에 있었고 앞으로도 쭉 이곳에 있을 거예요. 코크로프트는 스피커 하나와 클립형 마이크만으로도 그 세상을 엿듣는답니다. 심지어 자기 집

뒷마당에서 이런 일을 할 때도, 인간이 한 번도 들어 본 적 없는 소리를 들으며 감탄할 것 같아요.

코끼리와 진동

코끼리를 연구하기 위해 나미비아의 에토샤 국립 공원에 머물 때, 케이틀린 오코넬Caitlin O'Connell은 코끼리들의 이상한 행동에 주목했습니다. 그들은 때때로 멀리 있는 무언가를 감지한 듯한 모습을 보였어요. 구체적으로, 코끼리들은 발을 든 상태에서 걸음을 멈추고, 발톱을 땅에 댄 채 몸을 앞으로 숙였어요. 오코넬은 그 자세를 보고 고개를 갸웃거렸습니다. 뭐라 말할 수 없지만, 왠지 익숙해 보였거든요.

그러다가 문득, 오코넬은 이전에 어디선가 이런 모습을 본 적이 있다는 것을 깨달았어요. 대학원생 시절, 오코넬은 멸구planthopper(뿔매미의 친척뻘)의 '진동을 통한 의사소통'을 연구한 적이 있었거든요. 멸구의 경우, 진동을 감지하면 몸을 앞으로 숙인 채 발로 땅바닥을 내리누르곤 해요. 혹시 코끼리도 똑같은 행동을 하는 걸까요?

오코넬은 직접 확인해 보기로 했습니다. 용감하게도, 오코넬은 사자의 위협을 받는 지역에서 코끼리의 경고음을 녹음했어요. 그리고 이 소리를 저주파 진동 신호로 변환하여, 땅에 묻은 진동기를 이용해 재생했어요. 그러자 코끼리 무리 전체가 얼어붙는 것으로 나타났습니다. 코끼리들은 숨을 죽이고 경계심을 보이며, 방어적인 자세를 취했습니다. 요컨대 그들은 땅속 진동에 반응하고 있었던 거예요. 그렇다면, 코끼리는 귀뿐만 아니라 발로도 '들을' 수 있다는 결론을 내릴 수 있겠네요!

거미의 감각

우리가 애용하는 전자 기기는 진동을 이용하여, 우리를 '우리 몸을 넘어선 세상'과 연결해 줍니다. 시계의 진동 알람이나 휴대폰의 진동음은 속보, 예정된 행사, 소셜 미디어의 '좋아요'를 알려 줍니다. 이처럼, 진동 기술은 우리의 움벨트를 해부학적 구조 너머로 확장합니다.

하지만 우리보다 훨씬 더 앞서, 거의 4억 년의 역사에 빛나는 진동 기술을 가진 동물들이 있어요. 바로 거미류예요!

거미는 아마도 지구상에 존재한 이래로 줄곧 거미줄을 만들어 왔을 텐데, 많은 종들이 둥글고 납작한 덫인 '원형 거미줄'을 만듭니다. 날아다니는 곤충을 잡는 덫 말고, 원형 거미줄은 거미의 감각을 몸 밖으로 확장하는 감시 시스템이기도 합니다. 거미는 수천 개의 틈새 감각기 slit sensilla로 덮여 있는데, 이는 모래전갈이 먹이를 감지하는 데 사용하는 것과 유사한 '진동 감지 틈'입니다. 전갈의 경우, 이러한 틈이 관절 주위에 여러 개 모여 있습니다. 전갈은 이 틈을 이용하여 자신이 자리 잡고 있는 곳의 진동을 감지합니다.

그런데 거미가 자리 잡고 있는 곳은 어디일까요? 바로 거미줄이에

자신의 거미줄 위에
자리 잡고 있는 무당거미.

요. 원형 거미줄은 흙, 모래, 식물 줄기, 또는 진동을 전달하는 다른 표면과는 다릅니다. 표면들은 그 위에 서 있는 동물과 완전히 분리되어 있습니다. 하지만 거미줄은 거미가 직접 만든 것이며, 거미의 일부입니다. 전갈의 몸에 있는 틈처럼, 거미줄은 거미 감각계의 일부인 것입니다.

거미줄 한가운데에 버티고 앉아 있는 거미는 어떤 진동이 바람 소리나 낙엽 소리에 의한 것인지, 아니면 잡힌 먹이에 의한 것인지 구별할 수 있습니다. 만약 그게 먹이에 의한 것이라면, 거미는 접근하기도 전에 그 크기를 파악할 수 있습니다. 만약 거미줄에 걸려 몸부림치던 먹이가 움직임을 멈춘다면, 거미는 의도적으로 거미줄을 튕긴 다음 돌아오는 진동 메아리를 '듣고' 먹이를 찾아낼 수 있습니다.

거미는 단순히 거미줄을 만들기만 하는 것이 아니에요. 마치 바이올리니스트가 바이올린을 조율하듯, 거미는 거미줄을 조절할 수도 있어요. 거미줄의 뻣뻣함, 각 줄의 장력(당기거나 당겨지는 힘), 또는 줄의 모양을 조절함으로써 진동의 속도와 강도를 조절할 수 있습니다. 이처럼 거미는 자신의 감각을 조절하고, 필요에 따라 자신만의 움벨트를 정의할 수도 있어요.

예를 들어, 일본산 꼽추응달거미 *Octonoba sybotides*는 배가 고프면 거미줄을 바꿉니다. 이 거미는 거미줄의 장력을 높이는 나선형 장식을 추가하는데, 이러면 거미줄이 팽팽해지므로 작은 먹이의 약한 진동을 감지할 수 있어요. 따라서 배가 부를 때 간과할 수 있는 작은 먹이까지도 감지하고 포획할 수 있게 되는 거죠.

하지만 정말 놀라운 부분은 따로 있습니다. 일본의 동물학자 와타나베 다케시의 연구 결과에 따르면, 설사 '배부른 거미'일지라도 '배고픈 거미'가 만든 팽팽한 거미줄 위에 올려놓으면, 배고픈 거미처럼 아무리 작은 먹이라도 사정없이 공격한다고 합니다. 배부른 거미가 이렇게 하는 이유는 자신이 배고픈지 아닌지를 거미줄이 알려 줄 거라고 믿기 때문이라는군요.

일단 거미줄이 만들어지면 거미는 거미줄을 통해 생각하게 되는 거예요. 즉, 거미에게 거미줄은 단순히 감각의 연장선이 아닌 '사고의 틀'인 셈이죠.

거미줄 위의 거미를 떠올릴 때면, 마치 사람이 마룻바닥에 앉아 표면 진동을 느끼는 모습이 떠오릅니다. 나는 반려견을 키우고 나서 이런 생각을 훨씬 더 많이 하게 되었어요. 거실 바닥에서 타이포와 놀다 보면, 전에는 전혀 신경 쓰지 않았던 것들을 느낄 수 있습니다. 이웃들의 발자국 소리나 바깥을 지나가는 쓰레기 수거차의 덜컹거리는 소리처럼 말이에요.

타이포가 이런 순간에 어떤 감정을 느낄지 궁금해요. 하지만 그보다 더 자주, 나는 타이포가 무엇을 듣는지 궁금해하곤 합니다. 타이포는 종종 쉬고 있다가 깨어나는데, 내 귀에는 들리지 않는 소리를 들은 게 분명합니다. 덕분에 나는 내가 지금껏 놓치고 있던 모든 것을 떠올리게 된답니다. 발밑의 표면파뿐만 아니라, 우리 주변의 공기를 통과하는 소리까지도요.

멈춰, 이 도둑놈!

많은 동물들이 거미줄 만드는 거미를 착취하고 그들의 먹이를 훔쳐 갑니다. '거미계의 좀도둑'으로 악명 높은 작은 더부살이거미 *Argyrodes*도 그중 하나입니다. 이 거미는 은빛 배를 가지고 있는데, 이것이 마치 이슬방울처럼 빛나는 바람에 '이슬방울 거미'라는 별명을 얻었어요.

더부살이거미는 근처의 은신처에 숨어, 여러 가닥의 거미줄을 더 큰 거미줄(무당거미의 원형 거미줄)의 중심축hub과 살stoke에 걸쳐 놓습니다. 이런 식으로 이 작은 해커는 자신의 감각계를 '주 거미줄'에 연결해 놓는 거예요.

이제 무당거미가 무언가를 잡자마자 알아차릴 수 있을 테니, 더부살이거미는 은신처에서 자신의 거미줄을 감시하며 기다리기만 하면 됩니다. 그러다가 운 나쁜 곤충이 거미줄에 걸린 것이 감지되면, 무당거미가 이를 붙잡아 거미줄로 포장할 때까지 좀 더 기다립니다. 포장이 끝나면, 더부살이거미는 주 거미줄로 쏜살같이 달려가 먹이를 가로챕니다. 때로는 은신처로 가져와 의기양양하게 먹어 치우는데, 이때 무당거미가 먹이를 더 이상 감지하지 못하도록 먹이와 연결된 주 거미줄을 싹둑 자릅니다.

그런데 더부살이거미는 거미줄에 진동을 일으키지 않도록 조심하며 이 모든 작업을 신중하게 수행합니다. 심지어 갑작스러운 장력의 변화를 피하기 위해 잘라 낸 거미줄을 붙잡고 있습니다. 참으로 용의주도한 녀석이죠! 이 좀도둑은 너무 능숙해서 거의 들키지 않습니다. 그러다 보니, 무당거미 한 마리의 거미줄에 무려 40마리의 더부살이거미가 빌붙어 살 수 있답니다.

8장

각양각색의 귀
소리

하나. 놀라운 올빼미 귀
둘. 이상한 곤충 귀
셋. 새의 귀에 들리는 노래
넷. 청각의 한계는?

하나

놀라운 올빼미 귀

로저 페인Roger Payne은 고등학교 시절 어둠을 두려워했습니다. 그래서 두려움을 극복하기 위해 집 근처에서 긴 야간 산책을 시작했습니다. 산책 중에 그는 종종 올빼미 소리를 들었고, 시간이 지나면서 이 야행성 사냥꾼에게 점점 더 매료되었습니다.

올빼미는 눈이 매우 크고 망막에 많은 원뿔세포를 가지고 있어서 뛰어난 야간 시력을 자랑합니다. 하지만 야간 시력이 아무리 좋아도 맥을 못 출 만큼 어두운 곳에서도, 올빼미는 먹이를 잡을 수 있습니다. 그렇다면 올빼미는 어떻게 사냥하는 걸까요?

페인은 올빼미가 귀를 사용할 거라고 생각했어요. 이를 시험하기 위해, 그는 밤처럼 어두운 차고에 실험 장비를 설치하고 바닥에 마른 나뭇잎을 두껍게 깔았습니다. 그리고 한 구석의 횃대에 월Wol(『곰돌이 푸』에 나오는 캐릭터의 이름에서 따왔습니다)이라는 이름의 원숭이올빼미barn owl를 올려놓았습니다. 마지막으로, 페인은 어둠 속에 생쥐 한 마리를 풀어놓고 무작정 기다렸어요. 아무것도 보이지 않았지만, 생쥐가 움직일 때마다 나뭇잎이 바스락거리는 소리가 들렸어요.

처음 3일 동안에는 아무 일도 일어나지 않았습니다. 그러나 4일째

되는 날, 페인은 뭔가가 세게 부딪치는 소리를 들었어요. 잔뜩 기대하고 불을 켜 보니, 아니나 다를까! 윌이 날카로운 발톱으로 생쥐를 움켜쥐고 있었어요.

페인은 다른 원숭이올빼미들을 대상으로 더 많은 실험을 했고, 이 올빼미들이 칠흑 같은 어둠 속에서도 소리 하나만으로 먹이를 찾는다는 것을 확인했습니다. 생쥐만 한 크기의 종이 뭉치를 나뭇잎 사이로 끌어당겼더니, 올빼미들은 종이를 공격했어요. 생쥐 꼬리에 나뭇잎 하나를 묶고 폼(발포 고무) 바닥에 생쥐를 풀었더니, 올빼미들은 나뭇잎만 공격하고 생쥐는 건드리지 않았어요. 올빼미의 귀 하나를 솜으로 막았더니, 올빼미는 생쥐를 30센티미터 이상 차이로 놓쳤어요. 이와 같은 실험들을 통해, 페인은 올빼미들이 사냥할 때 후각, 시각, 또는 다른 감각을 일절 사용하지 않는다는 것을 분명히 알게 되었어요. 그들은 오로지 청각을 이용하고 있었던 거예요.

생쥐가 바스락거리거나, 개가 짖거나, 숲에서 나무가 쓰러지면 압력파가 외부로 방출됩니다. 이 파동이 이동하는 동안, 이동 경로에 있는 공기 분자들이 잇따라 압축과 팽창을 반복합니다. 이러한 움직임이 소리(음파)를 만들어 냅니다. 분자들이 '1초 동안 압축되고 팽창하는 횟수'에 따라 소리의 주파수—음높이—가 결정되는데, 이것은 헤르츠(Hz)로 측정됩니다. 분자들이 '움직이는 정도'에 따라 소리의 진폭—음량—이 결정되며, 이것은 데시벨(dB)로 측정됩니다. 이러한 움직임을 감지하는 감각이 바로 청각입니다.

귀의 작동 원리

사람의 귀는 외이, 중이, 내이의 세 부분으로 구성되어 있습니다. 외이는 귓바퀴와 외이도로 구성되어 있는데, 귓바퀴는 귀에 들어오는 음파를 모아 외이도로 내려보냅니다. 외이도 끝에서 음파는 얇고 팽팽하게 당겨진 막, 고막을 진동시킵니다. 이 진동은 중이에 있는 세 개의 작은 뼈, 청소골에 의해 증폭됩니다. 마지막으로, 음파는 내이로 전달되어 액체로 가득 찬 달팽이관으로 들어갑니다. 달팽이관에서는 움직임을 감지하는 유모 세포hair cell가 진동을 감지하여 뇌로 신호를 보냅니다. 짜잔! 이제 소리가 들립니다.

기본적으로 원숭이올빼미의 귀는 사람과 똑같은 방식으로 작동합니다. 즉, 외이(귓바퀴 + 외이도)는 소리를 모으고, 중이는 소리를 크게 만들고, 내이는 소리를 감지합니다. 그러나 사람의 귓바퀴는 한 쌍의 다육질 피부인 반면, 올빼미의 귓바퀴는 사실상 얼굴 전체입니다. 동글납작한 얼굴은 올빼미의 전매특허로, 두껍고 뻣뻣한 깃털로 촘촘하게 채워져 있습니다. 이 깃털들이 하는 일은 뭘까요? 다가오는 음파를 모아 올빼미의 귓구멍으로 보내는 거예요. 마치 레이더 접시처럼 말이에요. 올빼미의 큰 특징은 얼굴뿐만이 아닙니다. 귓구멍, 고막, 내이는 같은 크기의 새에 비해 훨씬 더 큽니다. 이 모든 것이 원숭이올빼미의 뛰어난 청각 능력에 기여합니다.

올빼미의 귀는 소리를 감지하는 데만 뛰어난 것이 아니라, 소리가 정확히 어디에서 나는지 파악하는 데도 탁월합니다. 올빼미는 소리가 왼쪽에서 나는지 오른쪽에서 나는지 구분하는 데 우리만큼 능숙하며, 위에서 나는지 아래에서 나는지 구분하는 것은 훨씬 더 잘합니다. 그 비결이 뭘까요? 바로 비대칭성이에요. 우리의 양쪽 귀는 서로 수평을 이루지만, 올빼미의 귀는 왼쪽이 오른쪽보다 높거든요.

올빼미의 얼굴을 시계에 비유해 보면, 왼쪽 귀는 2시 방향, 오른쪽 귀는 8시 방향에 있습니다. 그러므로 위나 왼쪽에서 들리는 소리는, '더 높은 왼쪽 귀'에 더 빨리 더 크게 도달합니다. 아래나 오른쪽에서 들리는 소리는 당연히 '더 낮은 오른쪽 귀'에 먼저 도달할 거예요.

이러한 타이밍과 크기의 차이를 이용하여, 올빼미의 뇌는 소리의 위치를 수직 및 수평 방향에서 정확히 파악합니다. 큰회색올빼미great gray owl의 경우, 땅속에서 들려오는 '씹는 소리'만 듣고도 눈 덮인 땅굴 속에서 레밍(일명 나그네 쥐)을 낚아챌 수 있어요. 그리고 종종걸음 소리만 듣고도 땅다람쥐 굴의 지붕을 정확하게 꿰뚫을 수 있답니다. 이 놀라운 능력들은 청각이 왜 그토록 유용한 감각인지를 잘 보여 줍니다. '보이지 않는 사건'에 대한 실시간·장거리 정보를 동물들에게 제공하니까 말이에요.

캥거루쥐의 이단 옆 차기

작고 겸손한 캥거루쥐kangaroo rat—깡충깡충 뛰는 설치류—는 놀랍게도 이단 옆 차기의 명수입니다. 뇌보다 더 큰 중이 덕분에, 캥거루쥐는 다가오는 올빼미 날갯짓의 저주파 음역을 들을 수 있어요. (반면, 생쥐는 올빼미 깃털 흩날리는 소리를 거의 들을 수 없답니다.) 그러므로 원숭이올빼미가 캥거루쥐를 잡는 것은 사실상 불가능할 거예요. 심지어 캥거루쥐는 스텔스기(적의 레이더에 들키지 않도록 설계된 전투기)처럼 접근하는 방울뱀 소리까지 들을 수 있어요. 이 덕분에 캥거루쥐는 일찌감치 멀리 점프할 뿐만 아니라, 공중에서 몸을 돌려 방울뱀의 얼굴에 이단 옆 차기를 날리는 묘기를 부릴 수도 있어요!

많은 동물의 경우, 가청음(들을 수 있는 소리), 귀의 민감도, 음원을 찾아내는 능력에 따라 삶과 죽음이 결정됩니다. 이와 관련하여 모든 종은 강점과 약점을 가지고 있습니다. 예를 들어 생쥐는 올빼미의 낮은 날갯짓 소리를 들을 수 없지만, 올빼미가 감지할 수 없는 고주파 경고음을 낼 수 있습니다. 다른 감각들과 마찬가지로, 동물의 청각도 자신의 필요에 맞춰져 있어요. 심지어 어떤 동물들은 들을 필요가 전혀 없답니다.

둘

이상한 곤충 귀

대부분의 포유류는 매우 뛰어난 청각을 가지고 있습니다. 페넥여우-fennec fox의 뾰족한 삼각형 모양부터 코끼리의 거대한 날개 모양까지, 귀는 다양한 모양을 하고 있지만 늘 존재합니다. 항상 쌍으로 존재하고 머리에 있습니다.

하지만 곤충들은 그렇지 않습니다. 어떤 곤충들은 귀가 있지만, 모두가 있는 것은 아니에요! 그리고 실제로 존재하는 곤충의 귀는 무릎이나 날개처럼 파격적인 곳에서 발견될 정도로 눈부신 다양성을 자랑합니다.

최초의 곤충은 귀가 없었고 어떤 곤충은 결국 귀를 진화시켰지만, 많은 곤충들은 결코 귀를 진화시키지 않았습니다. 알려진 바에 따르면 하루살이와 잠자리는 귀가 없습니다. 대부분의 딱정벌레도 귀가 없습니다. 사실, 대부분의 곤충은 귀가 없는 것처럼 보입니다. 곤충의 종 수가 다른 모든 동물 종을 합친 것보다 많기 때문에, 대부분의 동물은 귀가 없다고 해도 틀린 말이 아닙니다.

청각이 있는 우리는 매우 이상하게 여길지도 모릅니다. 소리에 너무 익숙해져서 소리 없는 세상을 상상할 수도 없을 거예요! 하지만 많은 동물들은 듣지 못해도 잘 지냅니다. 우리가 곤충의 귀에서 얻을 수 있는 교훈은, 청각이 동물계에서 유용한 감각인 것은 사실이지만 촉각처럼 보편적으로 그렇지는 않다는 점입니다.

그럼에도 불구하고 청각은 여러 면에서 유용합니다. 먼저, 촉각보다 먼 거리에서 작동합니다. 그리고 시각과는 달리 어둠 속에서도 작동하고, 단단한 장벽을 통과할 수 있습니다. 또한 후각보다 훨씬 더 빠르게 정보를 제공합니다. 이러한 특징들 때문에 청각은 '빠르게 움직이는 위협'을 감지하는 데 탁월한 감각으로 자리 잡았습니다. 따라서 많은 곤충은 포식자의 소리를 듣기 위해 귀를 진화시킨 것으로 보입니다.

이쯤 되면 오랫동안 베일에 싸였던 의문이 스르르 풀릴 거예요. 아름다운 푸른모르포나비blue morpho를 포함한 많은 나비들은 날개에 귀가 있다는데, 그 이유가 뭘까요? 나비는 워낙 조용하게 날기 때문에 서로의 소리를 들을 필요가 없을 텐데요. 그 대신, 그들은 날개에 있는 귀를 사용하여 자신을 잡아먹을지도 모르는 새의 날갯짓 소리와 울음소리를 듣는답니다.

곤충의 귀는 어디에 있을까요?

대부분의 곤충 귀는 일반적으로 곤충의 몸 전체에서 발견되는 '움직임 감지 구조'에서 진화했습니다. 즉, 곤충은 가장 예상치 못한 곳에 귀를 가지고 있다는 뜻입니다.

앞에서 말했듯 많은 나비는 날개에 귀가 있습니다. 귀뚜라미와 여치는 무륵에 귀가 있고요. 박각시나방hawkmoth은 입에 귀가 있습니다. 메뚜기와 매미는 배에 귀가 있고, 방광메뚜기bladder grasshopper도 마찬가지입니다 (비록 귀가 한 쌍이 아니라 여섯 쌍이지만요).

사마귀는 가장 이상한 귀를 가지고 있습니다. 바로 가슴 한가운데에 단 하나뿐인 거대한 귀입니다! 사마귀는 귀를 이용해 사냥하는 박쥐의 울음소리를 듣는데, 그 소리를 들으면 즉시 비행을 멈추고 스카이다이빙을 합니다. 이러한 도피 기술 덕분에 사마귀는 박쥐 소리가 어디에서 나는지 굳이 알 필요가 없으며, 따라서 한쪽 귀만 있어도 충분합니다.

포식자의 소리를 듣는 데 뛰어난 성능을 발휘한다면, 동물의 청각은 훌륭한 의사소통 도구의 조건을 갖춘 셈입니다. 청각 기관에 발성 기관이 더해지면, 동물들은 어둡고 복잡한 공간에서도 필요한 메시지를 신속하게 멀리 보내거나 받을 수 있을 테니까요. 이는 귀뚜라미와 여치가 수백만 년 전부터 노래를 부르기 시작한 이유를 설명해 줄 수 있습니다.

귀뚜라미의 경우, 수컷은 한쪽 날개에 능선이 있고 다른 쪽 날개에는 빗살처럼 생긴 이빨이 줄지어 있습니다. 두 날개를 서로 비비면 스르릅 소리가 나는데, 암컷 귀뚜라미는 앞다리에 있는 귀로 이 소리를 듣습니다.

하지만 약 4천만 년 전, 또 다른 곤충이 귀뚜라미의 노랫소리를 엿듣기 시작했습니다. 바로 기생파리의 일종인 오르미아Ormia입니다. 수컷 귀뚜라미의 노랫소리가 들리면, 오르미아는 그 소리를 엿들으며 따라가 귀뚜라미의 몸이나 근처에 내려앉습니다. 그런 다음 귀뚜라미의 몸에 알을 낳고, 얼마 후 알에서 깨어난 구더기는 귀뚜라미 몸속으로 파고듭니다. 악몽은 여기서 끝나지 않습니다. 구더기는 귀뚜라미를 갉아먹기 시작합니다, 안에서부터 밖으로 야금야금!

오르미아는 암컷 귀뚜라미의 움벨트를 해킹하여, 수컷 귀뚜라미의 소리를 듣고 추적합니다. 지금까지 실험된 어떤 동물보다도, 심지어 올빼미보다도 음원을 찾아내는 능력이 뛰어납니다! 오르미아의 귀뚜라미 발견 능력은 너무 탁월해서, 한치의 오차도 허용하지 않습니다. 그 결과, 하와이에서는 한때 수컷 귀뚜라미 개체군의 3분의 1이 감염되어 몰살당하기도 했습니다.

그럼 수컷 귀뚜라미는 앉아서 당하고만 있었을까요? 천만의 말씀! 그들은 차라리 음치가 되도록 진화했습니다! 유전자 변형으로 날개의 빗살 모양 구조가 휘어져 더 이상 노래할 수 없게 된 것입니다. 오르미아의 놀라운 청각을 피하기 위해, 수컷 귀뚜라미는 암컷들의 사랑을 한 몸에 받는 명가수의 꿈을 접었습니다. 이는 동물의 청각이 울음소리의 진화를 이끌고, 자연의 귀가 동물의 목소리와 노래를 정의하는 훌륭한 사례입니다.

수컷 귀뚜라미의 노래를
엿들으며 따라가는 오르미아 파리.

현장 속으로

동물: 툰가라개구리 túngara frog
장소: 파나마의 바로콜로라도섬

평범한 개구리의 모습을 상상해 보라. 툰가라 개구리는 딱 그렇게 생겼다. 100원짜리 동전만 한 크기에 울퉁불퉁한 피부와 칙칙하고 이끼 낀 듯한 색깔을 띠고 있으니 말이다. 보기에는 그다지 화려하지 않을지 모르지만, 울음소리는 기억에 남는다.

해가 진 후, 수컷들은 거대한 성대를 잔뜩 부풀려 자신들의 뇌보다 큰 소리 상자에 공기를 마구 욱여넣는다. 그 결과물은 아득히 멀어져 가는 작은 사이렌 소리를 연상케 하는, 짧은 낑낑거림이다. 수컷은 '척 chuck'이라고 불리는 짧고 날카로운 악센트를 하나 이상 추가하기도 한다. 사람에게 이 소리는 아주 오래된 비디오 게임의 효과음과 비슷하다. 하지만 암컷 툰가라 개구리에게는 아름다운 세레나데로 들린다.

척 소리는 수컷의 노래를 특히 매력적으로 만든다. 마이크 라이언이 이 사실을 알고 있는 것은, 파나마 바로콜로라도섬의 정글에서 186일 동안 연속으로 야근하며, 새벽부터 해 질 녘까지 툰가라 개구리의 울음소리를 녹음하여 면밀히 비교·분석했기 때문이다. 암컷은 노래에 척 소리를 더하는 수컷을 더 선호하며, 이 소리가 많으면 많을수록 좋은 것으로 밝혀졌다.

하지만 수컷은 때때로 척 소리 내는 것을 꺼리기도 한다. 왜냐하면

개구리를 잡아먹는 박쥐의 관심을 끌기 때문이다! 얄궂게도 척 소리는 암컷과 포식자를 모두 유혹한다. 그러니 툰가라 개구리가 때때로 낑낑거리는 소리에만 집중하는 것도 무리는 아니다.

라이언은 또한, 암컷 툰가라 개구리의 내이가 평균적인 척 소리의 주파수에 정확히 맞춰져 있다는 것을 발견했다. 처음에 라이언은 수컷의 노랫소리가 먼저고 암컷의 귀는 그에 맞춰 진화했을 거라 생각했다. 하지만 그게 아니었다. 툰가라 개구리의 친척뻘 되는 개구리들 중에는 '수컷이 척 소리를 내지 않는 종'이 있는데, 그들의 암컷에게 툰가라 개구리의 척 소리를 들려줬더니 여전히 매혹되는 것으로 밝혀졌다. 그렇다면 귀가 먼저고 소리는 나중이라는 이야기가 된다. 라이언은 자신의 생각이 시대에 뒤떨어진 것임을 깨달았다. 개구리가 지구상에 출현한 이후 언제부턴가, 암컷은 척 소리의 주파수를 늘 선호해 왔다. 그리고 수컷은? 암컷에게 잘 보일 요량으로, 암컷의 귀에 맞춰 자신의 노래를 조율했을 뿐이다.

자연의 귀는 실제로 자연의 목소리를 형성한다. 즉, 귀는 동물들이 무엇을 아름답다고 생각하는지 정의하고, 자연계에 나타나는 아름다움이 어떤 형태를 띠는지 결정한다.

셋

새의 귀에 들리는 노래

새의 노랫소리만큼 인간의 귀에 아름답게 들리는 동물 소리는 거의 없습니다. 그리고 금화조zebra finch의 노랫소리만큼 많은 연구가 이루어진 새의 노랫소리도 드물 거예요.

이 호주산 새들은 회색 머리, 하얀색 가슴, 주황색 뺨, 붉은 부리, 마치 번진 마스카라처럼 보이는 눈밑의 검은 줄무늬로 우리의 눈길을 사로잡습니다. 그들은 화려하고 복잡하며 구성진 노랫가락을 뽑아냅니다. 하지만 문득, 한 금화조의 노래가 다른 금화조에게도 내가 듣는 것처럼 들릴지 궁금해지네요.

음높이만 놓고 보면, 대답은 '네'입니다. 새와 인간은 비슷한 음역의 소리를 듣기 때문에, 새는 일반적으로 우리와 같은 음을 듣는다고 할 수 있어요.

하지만 속도에 있어서는 새의 청각이 우리의 청각을 압도합니다. 예컨대 인간의 귀에는 쏙독새whip-poor-will의 노랫소리가 세 개의 음으로 구성된 것처럼 들립니다. 하지만 실제로는 다섯 개의 음으로 이루어져 있으며, 녹음한 후 느리게 재생해 보면 분명히 알 수 있어요. 그에 반해, 다른 새들의 노래를 흉내 내는 데 일가견이 있는 흉내지빠귀

mockingbird는 그런 도움이 필요하지 않습니다. 쏙독새의 울음소리를 흉내 낼 때, 흉내지빠귀는 다섯 개의 음을 모두 듣고 그대로 따라 할 수 있답니다.

흉내지빠귀와 같은 명금류가 이러한 놀라운 능력을 발휘하는 비결이 뭘까요? 한 소절에서 일어나는 음높이와 음량의 변화를 정확히 포착할 수 있기 때문입니다. 이러한 변화는 때때로 너무 빨라서 인간의 귀로는 따라잡기 어렵습니다. 밝혀진 바에 따르면, 명금류는 이러한 세부 사항을 결코 놓치는 법이 없습니다.

예를 들어, 금화조의 노래는 몇 개의 뚜렷한 음절(A-B-C-D-E)로 구성되어 있으며, 순서가 항상 똑같습니다. 그리고 이 음절 중 하나가 뒤집히면(A-B-Ↄ-D-E) 금화조는 대부분 그 변화를 알아차립니다. 하지만 당신은 아무리 연습해도 이 변화를 알아차리지 못할 거예요.

그러나 노래 순서를 C-E-D-A-B처럼 바꾼다면, 당신은 바로 알아차릴 거예요. 그런데 어이없게도, 금화조는 눈치채지 못할 거예요! 왜 그럴까요? 금화조는 음절의 순서에는 전혀 신경 쓰지 않는 것 같아요. 각 음절 안에서 무슨 일이 일어나고 있는지에만 관심이 있을 뿐이죠. 마치 당신이 친구와 이야기할 때 각 단어의 모음에만 주의를 기울이고, 단어가 뒤섞이거나 순서가 어긋나는 건 신경 쓰지 않는 것처럼 말이에요!

이쯤 되면 내 질문에 대한 답은 분명합니다. 한 금화조의 귀에 들리는 다른 금화조의 노래는 내가 듣는 것과는 아주 다를 거예요. 금화조에게 노래의 아름다움은 작고 복잡한 세부 사항에 있는 것 같아요. 큰 그림은 관심 밖이죠.

우리의 귀는 그들과 정반대로 작동하기 때문에, 금화조의 노래 하나만 들어도 모든 노래를 다 들었다고 생각할 거예요. 하지만 그건 착각이에요. 우리에게는 똑같이 들리는 노래를, 금화조는 자기들만 알아차릴 만큼 미묘하게 다르게 불러 정보를 전달하는 것 같아요. 즉, 금화조는 짝과 유대감을 형성하고, 서로를 찾고, 여행 중에도 함께하며, 양육 책임을 조율하기 위해 노래를 부른답니다. 아마도 그들은 우리가 들을 수 없는 섬세한 음악적 세부 사항을 통해 이 모든 것을 성취했을 거예요.

동물들의 노랫소리를 듣는 재미 중 하나는, 그들이 서로 무슨 말을 하는지 알쏭달쏭하다는 데서 비롯됩니다. 하지만 새의 지저귐을 사람의 언어로 번역해 줄 수 있는 사전은 없습니다. 종 간의 의사소통 장벽은 감각 장벽이기도 합니다. 새들은 우리 귀가 포착할 수 없고 우리 뇌가 관심을 기울이지 않는 부분에서 의미를 찾습니다. 새들의 노랫소리에는 우리가 아무리 노력해도 알아들을 수 없는 부분이 많아요.

새들의 청각에 대한 또 한 가지 놀라운 사실은, 계절에 따라 달라진다는 것입니다. 2장에서 시각에 대해 논의할 때, 눈은 매우 예리하거나 매우 민감할 수 있지만 예리함과 민감함을 모두 갖출 수는 없다는 것을 배웠습니다. 청각도 마찬가지입니다. 속도나 음높이에 민감할 수는 있지만, 두 가지에 모두 민감할 수는 없어요. 하지만 다행히도, 새들은 어느 한 가지에 집중할 필요는 없답니다. 왜냐고요? 두 가지 사이를 자유롭게 오갈 수 있거든요!

캐롤라이나박새 Carolina chickadee를 생각해 보세요. 이 새의 전매특허인 '치-카-디-디' 소리는 음높이와 음량이 빠르게 변화합니다. 이 소리는 일 년 내내 들을 수 있지만, 사회성 높은 박새들이 큰 무리를 이루는 가을에 특히 도드라집니다. 이 시기에는 동료들의 노래에 담긴 모든 세부 사항을 샅샅이 들어야 하므로 청각이 매우 빨라질 수밖에 없거든요. 이론상으로는 그렇지만, 정말로 그럴까요? 동물학자들이 가을 들판에 나가 조사해 본 결과, 박새들은 노래에 코딩된 모든 세부 사항을 포착하지만 음높이에 대한 민감도는 떨어지는 것으로 나타났다고 합니다.

하지만 짝짓기 철인 봄이 오면 모든 것이 달라집니다. 암컷과 수컷이 짝을 지어 자기들만의 번식지를 만들면서 박새 떼는 흩어지기 시작합니다. 수컷 박새는 짝을 유혹하기 위해 특별한 노래를 부르는데, 이 노래는 일 년 내내 부르던 노래보다 훨씬 더 단순합니다. 새로운 노래는 '피-비-피-베이'라는 네 가지 음으로 이루어져 있는데, 암컷의 마음을 사로잡으려면 음 하나하나를 최대한 완벽하게 불러야 합니다. 이제 박새들의 귀는 노래의 주파수에 가능한 한 민감하게 반응해야 합니다. 가을에는 속도가 모든 것을 좌우했지만, 봄에는 음높이가 최고입니다.

흰가슴동고비 white-breast nuthatch의 청각은 정반대 방향으로 변화합니다. 그들의 구애 노래 '와-와-와'는 음량이 빠르게 변하기 때문에, 박새와 달리 짝짓기 철인 봄에 청각이 더 빨라지고 음높이에 덜 민감해집니다.

두 새 모두, 가장 중요한 정보를 처리하기 위해 계절이 바뀔 때마다 청각을 재조정합니다. 목소리와 욕구는 계절에 따라 변화하며, 귀도 마찬가지입니다.

설사 우리가 박새의 피-비-피-베이 소리와 동고비의 와-와-와 소리를 들을 수 있다고 해도, 그 소리를 '원래 의도된 청중'이 듣는 것과 같은 방식으로 감상할 수는 없을 거예요. 우리에게 박새의 노랫소리는 10월에 듣든 3월에 듣든 똑같이 들립니다. 하지만 박새에게는 그렇지 않습니다. 우리가 들을 수 있는 소리에 이렇게 많은 신비가 존재한다면, 우리가 들을 수 없는 소리에는 얼마나 더 많은 신비가 숨겨져 있을까요?

청각의 한계는?

냉전 시대의 한복판인 1960년대 미국 해군은 소련 잠수함의 움직임을 감지하기 위해 태평양과 대서양에 수중 도청 장치를 여러 개 설치했습니다. 이 도청 장치들은 수많은 해양 소음을 포착했습니다. 어떤 소리는 분명히 동물 소리였지만, 어떤 소리는 더욱 신비로웠습니다. 그중에서도 특히 이해하기 어려운 것은 20헤르츠의 주파수를 가진 단조롭고 낮은 소리였어요. 피아노의 가장 낮은 음보다도 한 옥타브 낮은 소리였는데, 웅웅거리는 소리가 너무 커서 사람들은 동물의 소리는 분명 아닐 거라고 생각했어요. '그렇다면 군용 기계일까? 수중 지진일까? 그것도 아니라면, 멀리 떨어진 해안에 부딪히는 파도 소리일까?' 해군 과학자들은 소리의 근원을 추적했고, 사람들의 추측이 틀렸다는 것을 발견했습니다. 그 소리는 지구상에서 두 번째로 큰 동물인 참고래fin whale에게서 나오는 소리였습니다.

인간이 들을 수 있는 가장 낮은 주파수는 약 20헤르츠입니다. 그 이하의 소리는 **초저주파**라고 하며, 대부분의 인간은 매우 큰 소리가 아니면 들을 수 없습니다. 초저주파는 특히 수중에서 엄청나게 먼 거리까지 전달될 수 있습니다.

1971년, 원숭이올빼미 연구를 막 마친 로저 페인은 참고래의 울음소리가 물속에서 얼마나 멀리까지 갈 수 있는지 계산해 봤습니다. 그랬더니 놀랍게도 약 2만 킬로미터라는 결과가 나왔습니다. 이는 지구 둘레의 절반이 넘는 거리이며, 지구상에 그렇게 넓은 바다는 없습니다! 과학자들을 포함한 많은 사람들은 이 사실을 믿을 수 없었습니다. 하지만 사실이에요. 대서양 반대편 버뮤다 해안에서 마이크를 사용하여 아일랜드 해안에 사는 고래의 노랫소리를 녹음할 수 있으니 말이에요.

거대 고래를 연구하는 것은 매우 어렵기 때문에, 참고래가 초저주파를 어디에 사용하는지는 아무도 확실히 알지 못합니다. 바다 건너에 있는 고래와 의사소통을 할 수도 있고, 수중 랜드마크에 반사되는 소리를 듣고 바닷속 지형을 파악할 수도 있을 거예요. 어느 쪽이든, 그들의 청각은 시간적으로나 공간적으로나 우리와는 전혀 다른 규모로 작동할 거예요. 수중에서 음파는 1분도 채 되지 않는 시간에 약 80킬로미터를 이동합니다. 즉, 한 고래가 2,400킬로미터 떨어진 곳에 있는 다른 고래의 노랫소리를 듣는다면, 약 30분 전에 부른 노래를 듣는다는

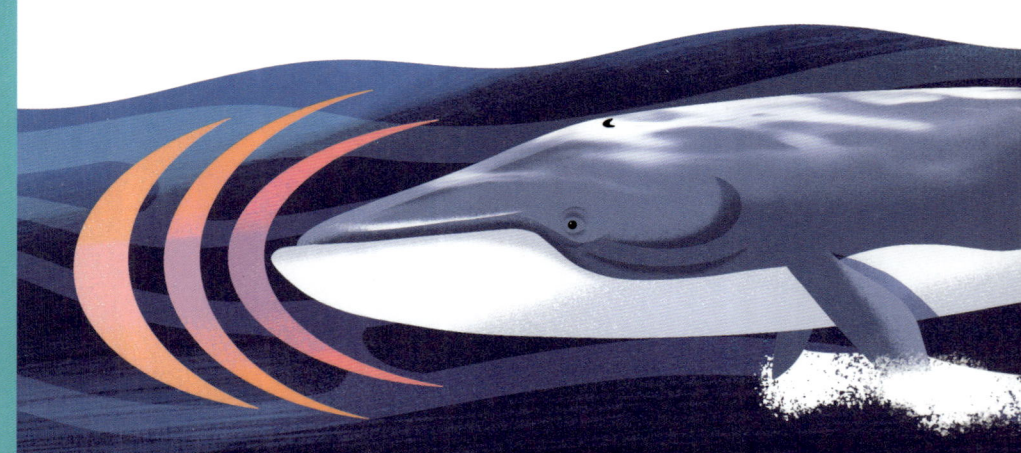

뜻이에요! 마치 머나먼 별에서 온 '오래된 빛'을 바라보는 천문학자처럼 말이에요.

고래에 대해 생각하면 세상이 더 넓어지고 시간과 공간이 확장되는 듯한 느낌을 받습니다. 상상력을 자극하는 힘이 있습니다. 예를 들어, 고래 무리pod를 '서로 나란히 헤엄치는 개체들'의 그룹으로 정의할 수 있습니다. 하지만 로저 페인의 관점에 따르면, 고래는 아주 먼 거리에서도 소통할 수 있기 때문에 혼자 헤엄치는 것처럼 보여도 실제로는 함께 헤엄치고 있는 거예요.

로저 페인의 연구 파트너이자 아내인 케이티 페인Katy Payne은 육지에서 가장 큰 동물들도 똑같은 방식으로 초저주파를 사용할 수 있음을 보여 주었어요.

코끼리 연구를 시작했을 때, 케이티 페인은 겉보기에 조용한 코끼리를 바라보던 중 때때로 몸에서 떨리는 듯한 느낌을 감지할 수 있었습니다. 페인은 회고록 『조용한 천둥Silent Thunder』에서 "천둥이 치는 것 같았지만, 아무리 살펴봐도 천둥은 없었다."라고 썼어요.

페인은 오리건 동물원에서 코끼리들의 소리를 녹음하기 시작했는

데, 나중에 녹음된 테이프를 재생하다가 익숙한 '소리 없는 떨림'을 느꼈던 순간을 떠올렸습니다. 녹음 당시 로지Rosy와 퉁가Tunga라는 암수 코끼리는 콘크리트 벽의 반대편에서 서로 마주 보고 있었습니다. 그들은 아무 소리도 내지 않는 것처럼 보였습니다. 하지만 페인이 녹음 속도를 높이고 재생되는 음높이를 3옥타브 높이자, 소 울음소리 같은 소리가 들렸어요. 로지와 퉁가는 콘크리트 벽 너머로, 주변의 인간들에게 들키지 않은 채 활기 넘치는 대화를 나누고 있었던 거예요.

이후 페인은 야생 코끼리도 가능한 모든 방법으로 초저주파(우르릉 소리)를 사용한다는 것을 보여 주었습니다. 서로를 찾을 때는 연락용 우르릉 소리를 내고, 다시 만날 때는 인사용 우르릉 소리를 내고, 이동할 때는 출발용 우르릉 소리를 냅니다. 코끼리는 이러한 소리를 이용하여 무리 전체의 움직임을 조율하는 것으로도 추정됩니다. 덕분에 코끼리 가족들은 몇 주 동안 같은 방향으로 이동하는 경우가 많습니다, 개별 구성원이 몇 킬로미터 떨어져 있더라도 말이에요.

코끼리와 고래는 사람의 귀에 들리지 않을 정도로 낮은 소리를 내지만, 다른 종들은 그보다 훨씬 더 높은 소리를 냅니다. 생쥐, 시궁쥐를 비롯한 많은 설치류들은 인간이 들을 수 있는 가장 높은 주파수인 2만 헤르츠보다 높은 주파수의 초음파를 냅니다. 우리는 그들의 찍찍거리는 소리 중 일부를 들을 수 있지만, 수컷 생쥐와 암컷 생쥐가 함께 부르는 듀엣이나 우리가 시궁쥐를 간질일 때 나는 낄낄거리는 소리는 들을 수 없습니다. 생각해 보세요. 설치류는 수 세기 동안 반려동물이자 실험 대상이었지만, 우리는 그들이 서로 비밀 메시지를 주고받는다는 사실을 전혀 알지 못했잖아요.

개, 고양이, 돌고래, 벌새를 포함한 많은 동물들이 초음파 소리를 듣고 소통할 수 있습니다. 나비와 나방의 절반 이상도 초음파를 들을 수 있습니다. 그리고 꿀벌부채명나방greater wax moth은 75,000헤르츠의 소리만 낼 수 있음에도 불구하고 무려 30만 헤르츠의 소리를 감지할 수 있는 귀를 가지고 있습니다. 동료의 소리를 듣기 위해서가 아니라면, 왜 이렇게 뛰어난 청각 능력을 진화시켰을까요? 아마도 천적인 박쥐의 소리를 듣기 위해서였을 거예요. 박쥐는 초음파 소리를 낼 수도 있고 들을 수도 있으며, 이 두 가지 능력을 결합하여 가장 놀라운 동물 감각 중 하나를 만들어 냈습니다.

9장

고요한 세상의 맞장구
메아리

하나. 경이로운 박쥐
둘. 장거리 음파 탐지기
셋. 인간 반향정위자

하나

경이로운 박쥐

나는 지금 갈색 털 뭉치처럼 생긴 박쥐를 바라보고 있는데, 이름은 지퍼Zipper이고, 짙은 갈색 치와와 같은 얼굴과 긴 귀를 가지고 있습니다. 큰갈색박쥐big brown bat(공식적인 '종 이름'일 뿐이에요)에 속하지만, 작은 박쥐들에 비해 상대적으로 클 뿐이지 실제로는 생쥐보다도 가볍습니다(몸무게가 30그램도 안 돼요). 지퍼는 보이시 주립 대학교에서 연구원 제시 바버Jesse Barber의 보살핌을 받으며 여름을 보내고 있는데, 놀라운 능력, 즉 획획 움직이는 능력 때문에 지퍼(날쌘돌이)라는 이름을 얻었답니다.

내가 창문 너머로 들여다보자, 지퍼는 입을 벌리고 긴 이빨을 드러냅니다. 하지만 이건 공격적인 행동이 결코 아닙니다. 단지 주변 환경을 파악하려고 그러는 거예요. 나는 들을 수 없지만, 지퍼는 짧은 초음파 소리를 내고 있어요. 그건 인간이 들을 수 있는 한계를 넘는, 2만 헤르츠 이상의 주파수를 가진 소리예요. 이 소리는 사방으로 흩어졌다가 주변에 반사되어 되돌아옵니다. 지퍼는 반사된 소리(메아리)를 듣고 분석하여 주변 물체들의 위치를 파악합니다. 이 능력을 **반향정위**라고 하는데, 인간이 만든 음파 탐지기의 생물학적 버전이라고 할 수 있어요. 반향정위를 할 줄 하는 동물은 별로 없으며, 그나마도 제대로 하는 동물은 극소수에 불과합니다. 박쥐는 이러한 엘리트 집단에 속합니다. 박쥐는 1,400종이 넘는데, 그중 대부분이 반향정위를 한다니 엘리트 집단이라 불릴 만하죠.

반향정위는 감각의 일종이지만, 환경에 에너지를 투입한다는 점에서 다른 감각과 차이가 있어요. 눈은 훑어보고, 코는 킁킁거리고, 수염은 휘젓고, 손가락은 만져 보는 데 사용되지만, 이러한 감각 기관들의 공통점은 '넓은 세상에 이미 존재하는 자극을 포착'한다는 거예요. 이와 달리, 반향정위를 하는 박쥐는 '자신이 창조한 자극을 잠시 후 확인'할 뿐이에요. 요컨대, 박쥐의 울음소리가 없으면 메아리도 존재할 수 없어요. 박쥐가 필요에 따라 말을 걸면, 지금껏 조용하던 세상이 맞장구치는 거죠.

박쥐들은 시각이 제한된 밤에 음파 탐지기를 사용하여 작은 곤충을 찾습니다(박쥐가 눈이 멀었다는 말은 틀렸지만, 어둠 속에서 잘 볼 수 없다는 것은 사실이에요). 낮에는 새처럼 예리한 눈을 가진 포식자들이 모든 곤충을 잡아먹지만, 밤이 되면 박쥐가 이 먹이들을 독차지하게 됩니다. 관련 자료에 따르면, 어떤 열대 우림에서는 박쥐가 새보다 두 배나 많은 곤충을 잡아먹는다고 해요! "에이, 설마!" 많은 사람들은 이런 반응을 보일 거예요. 나도 처음엔 그랬답니다. 하지만 지퍼의 조련사들이 지퍼를 어두운 비행실로 데려간 후 공중에 나방을 풀어 줬을 때, 나는 그제야 그 이유를 이해하기 시작했어요.

비행실은 칠흑같이 어두웠고, 제시 바버와 나는 적외선 카메라를 이용해 모니터로 지퍼를 지켜보았어요. 지퍼가 공기를 가르며 나방을 연이어 잡아먹는 동안, 바버와 나는 흥분한 스포츠 팬처럼 환호하고 함성을 질렀어요. 모니터의 영상은 흐릿했지만, 바버가 더 좋은 카메라로 촬영한 지퍼와 다른 박쥐들의 모습을 슬로 모션으로 보여 줬을 때 나는 놀라움을 금치 못했어요. 이 영상에서, 붉은박쥐rat bat는 한 번도 아니고 두 번이나 공중제비를 돌며 꼬리로 나방을 낚아채 입으로 집어넣었어요. 잎코박쥐leaf-nosed bat가 폭발적인 동작으로 나방을 공격하자, 나방은 온데간데없고 텅 빈 공간에 나방의 비늘만 휘날렸어요. 박쥐는 힘 없는 나방만 먹이로 삼은 게 아니었어요. 창백박쥐pallid bat는 마치 영화에 나오는 육식 공룡처럼 전갈을 거칠게 공격했어요.

박쥐는 자신의 환경에 완벽하게 적응한 모범 사례라고 할 수 있어요. 그들의 씩씩한 모습은 아름답기까지 하죠. 그럼에도 불구하고 박쥐는 지금껏 오해의 대상이었고, '악의 상징'으로 자주 묘사되곤 합니다. 하지만 박쥐의 반향정위 능력을 몇 분만이라도 관찰해 보면 그들의 놀라운 능력에 감탄하게 될 거예요. 그렇다면 박쥐의 반향정위 능력은 정확히 어떻게 작동하는 걸까요?

반향정위의 열 가지 도전 과제

소리를 낸 후 되돌아온 메아리를 듣기만 하면 되는 것처럼, 박쥐의 반향정위는 간단해 보일 수 있습니다. 하지만 박쥐는 이를 성공적으로 수행하기 위해 수많은 과제를 해결해야 합니다. 이와 관련하여 나는 적어도 열 가지 도전 과제를 꼽는답니다.

1. 거리. 박쥐의 울음소리는 목표 지점까지 갔다가 돌아올 수 있을 만큼 강력해야 합니다. 하지만 소리는 공기를 통과하는 동안 에너지를 빠르게 잃기 마련이므로, **반향정위는 짧은 거리에서만 작동합니다.** (평균적인 박쥐는 6~9미터 떨어진 작은 나방과 11~13미터 떨어진 큰 나방만 탐지할 수 있어요. 그러니 건물이나 나무처럼 매우 크지 않다면, 이보다 더 멀리 떨어져 있는 것들은 감지할 수 없을 거예요.)

2. 음량. 왕복 여행에 필요한 에너지를 얻기 위해, 박쥐는 육지에 사는 동물 중에서 가장 큰 소리를 냅니다. 큰갈색박쥐의 울음소리는 138데시벨로, 사이렌이나 제트 엔진의 음량과 비슷합니다. 심지어 '속삭이는 박쥐'라고 불리는 박쥐조차도 110데시벨의 비명을 지르는데, 이 정도면 전기톱이나 낙엽 청소기에 뒤지지 않습니다. 다행히 주파수가 높아서 우리 귀에는 들리지 않지만, 박쥐 귀에는 들릴 텐데 어떡하죠! 박쥐는 귀가 먹먹해지는 것을 막기 위해, **비명을 지를 때마다 귀 근육을 수축시켜 청각을 차단합니다.**

3. **속도.** 박쥐가 듣는 모든 메아리는 순간적인 스냅 사진을 제공합니다. 하지만 박쥐는 매우 빠르게 날아다니기 때문에, 빠르게 다가오는 장애물이나 쏜살같이 도망치는 먹이를 감지하기 위해 이런 스냅 사진들을 정기적으로 업데이트해야 합니다. 이를 위해 **박쥐는 초당 최대 200회까지 목소리를 담당하는 근육인 성대근 vocal muscle을 수축시키는데**, 이는 포유류의 근육 중에서 가장 빠른 속도입니다. 사냥의 마지막 순간에, 곤충에게 접근하는 박쥐는 초고속 근육이 허용하는 범위 내에서 가장 많은 펄스음(주기적인 진동음)을 생성합니다.

4. **길이.** 반향정위를 제대로 작동시키기 위해, 박쥐는 '발신하는 신호'와 '수신하는 메아리'를 1:1로 일치시켜야 합니다. 그러려면 신호와 메아리가 뒤섞이는 것을 방지해야 하므로 **매우 짧은 신호를 발신함과 동시에 각 신호 사이에 메아리와 겹치지 않도록 적당한 간격을 두어야 합니다.**

5. **명확성.** 이는 가장 어려운 과제입니다! 되돌아온 메아리를 수신했다면, 박쥐는 이제 그 의미를 이해해야 합니다. 다행히도 박쥐의 신경계는 매우 민감해서 **불과 1~2마이크로초(100만분의 1~2초)의 시간차도 감지할 수 있습니다!** 이를 통해, 박쥐는 곤충과의 거리를 밀리미터 미만의 단위로 측정할 수 있어요. 뿐만 아니라, 목표물의 크기·모양·방향까지도 측정할 수 있답니다.

6. **움직임.** 만약 박쥐와 나방이 움직이지 않는다면, 이 모든 과제는 비록 어렵더라도 어떻게든 해결되겠죠. 하지만 일반적으로 둘 다 움직이기 때문에 여섯 번째 문제가 발생합니다! 즉, 박쥐는 음파 탐지기를 끊임없이 조정해야 합니다. 일단 목표물을 감지하면, 박쥐는 위치를 수시로 파악하기 위해 더 자주 소리를 냅니다. 어떤 박쥐는 음파 탐지기의 범위를 넓히기도 하는데, 이는 '방향을 바꾸려는 곤충'을 감지하기 위해서입니다. 사냥은 단 몇 초 만에 끝나며, 이토록 짧은 시간 동안 박쥐는 소리의 모든 측면을 조정합니다.

7. **어수선함.** 바위투성이 동굴이나 나뭇가지가 얽히고설킨 숲을 떠올려 보세요. 박쥐는 이런 어수선한 환경에서도 길을 찾아야 합니다. 사람이 시선을 돌려 주변을 살피는 것처럼, 박쥐는 초음파 빔을 다양한 물체에 발사합니다. 또한 소리의 길이를 줄이고 주파수 범위를 넓혀 환경에 대한 세부 정보를 최대한 많이 얻을 수 있습니다.

8. **위장.** 음파 탐지기를 사용하다 보면, 넓은 배경에 놓인 작은 물체는 자동으로 위장됩니다. 예컨대 나방이 나뭇잎에 앉아 있으면, 잎에서 나오는 강한 메아리가 나방의 약한 메아리를 가리게 돼요. 이러한 문제를 해결하기 위해, 큰귀박쥐 common big-eared bat는 놀라운 방법을 사용합니다. 이 방법의 핵심은 '먹잇감을 향해 비스듬히 접근하며 초음파를 발사'하는 거예요. 이럴 경우, 나뭇잎에 비스듬히 부딪친 초음파는 멀리 튕겨나가는 반면, 곤충과 정면으로 충돌한 초음파는 박쥐 쪽으로 반사됩니다.

9. 무리. 매우 큰 무리를 지어 비행할 때, 박쥐는 자신의 메아리와 다른 박쥐의 메아리를 능숙하게 구별합니다. 그게 어떻게 가능할까요? 연구자들은 그들의 노하우를 아직 정확히 알지 못합니다. 한 방향이나 다른 방향에서 오는 메아리만 처리할 수도 있고, 다른 감각이나 기억에 의존하여 반향정위를 완전히 무시할 수도 있을 거예요.

10. 노력. 지금까지 제시한 아홉 가지 과제를 해결하려면 엄청난 노력이 필요합니다! 반향정위는 정신적 부담이 큰 작업이며, 특히 박쥐는 빠른 속도로 날아다니는 동안 이를 수행하기 때문에 부담이 더욱 클 거예요. 그리고 종종 초음파 탐지기를 제대로 활용할 겨를이 없기 때문에, 박쥐는 막다른 벽에 부딪히는 것과 같은 당혹스러운 실수를 저지르기도 합니다.

하지만 박쥐로서 살아가려면 이 모든 어려움을 극복해야 합니다. 날쌔게 움직이고, 방향을 전환하고, 탐지하고, 측정하고, 조정하고, 마침내 먹이를 향해 급강하해야 합니다. 그리고 순식간에(당신이 이 부분을 읽고…… 이 부분을 읽는 사이에) 그들은 모든 도전 과제를 성공적으로 해결한답니다.

현장 속으로

동물: 불나방 tiger moth과 긴꼬리산누에나방 luna moth
장소: 아이다호주 보이즈에 있는 보이즈 주립 대학교

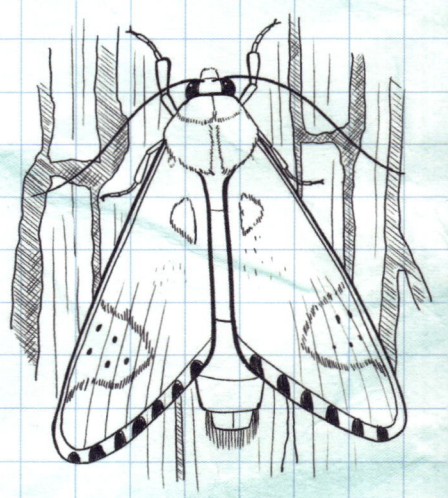

제시 바버의 연구실 안에 눈이 부드럽게 내리고 있다. 적어도 그렇게 보인다. 팀원들은 나방을 비행실로 운반하고 있는데, 이곳에서는 지퍼를 비롯한 여러 박쥐들이 날아다니며 나방을 잡아먹고, 하얀 비늘 구름만 공중에 남겨 놓는다. 나방의 비늘이 연구실 곳곳에 널려 있다. 바버와 그의 동료 줄리엣 루빈 Juliette Rubin은 비늘에 심한 알레르기 반응을 보인다. 그래서 둘 다 마스크를 착용하고 있다.

비록 과학자들에게는 알레르기 반응을 일으키지만, 나방의 비늘은 박쥐의 울음소리를 흡수하고 그 메아리를 약화시켜 나방의 몸을 보호한다. 이는 나방에게 희소식이다.

이 '음향 갑옷'은 박쥐에 맞서는 여러 가지 방어 수단 중 하나인데, 나방의 귀도 또 다른 방어 수단이다. 대부분의 나방은 박쥐가 발사하는 초음파를 들을 수 있는데, 그들의 귀는 상당한 이점을 제공한다. 박쥐는 '나방에게 갔다가 되돌아오는 메아리'를 탐지해야 하지만, 나방은 자신에게 오는 소리(원음이므로 메아리보다 훨씬 더 강력하다)만 탐지하면 되기 때문이다. 따라서 박쥐는 작은 나방이 약 9미터에서 내는 소리까지만 들을 수 있는 반면, 나방은 박쥐가 15~33미터 떨어진 곳에서 내는 소리까지 들을 수 있다. 나방은 이러한 시간차를 이용하여, 박쥐의 울음소리가 들릴 때마다 회피, 맴돌기, 급강하를 함으로써 박쥐를 최대한 혼란에 빠뜨린다.

어떤 나방은 심지어 말대꾸를 하기도 한다. 불나방은 박쥐를 혼란스럽게 하는 초음파를 생성해 박쥐로 하여금 나방을 놓치게 한다. 또한 이 초음파는 메아리와 겹칠 수도 있는데, 이것이 음파 탐지기를 교란시킴으로써 박쥐의 거리 측정 능력을 방해할 수 있다.

그런가 하면, 일종의 착시 현상을 일으키는 나방도 있다. 바버와 루빈은 손바닥만 한 크기의 긴꼬리산누에나방을 연구하고 있는데, 이 나방은 황록색 날개 끝에 길게 늘어진 꼬리가 있다. 이 꼬리는 나방이 날아갈 때 뒤에서 펄럭이면서 회전하는데, 이것이 공격하는 박쥐의 주의를 분산시키는 듯한 메아리를 생성한다. 긴꼬리산누에나방을 향해 돌진하는 박쥐는 종종 사냥에 실패한다. 하지만 꼬리가 제거된 나방은 박쥐에게 잡아먹힐 확률이 9배나 높아진다.

장거리 음파 탐지기

박쥐와 돌고래는 포유류에서 가장 성질이 다른 두 동물이라고 할 수 있습니다. 하지만 두 동물의 공통점이 하나 있으니, 어두운 3차원 공간에서 이동하고 사냥해야 한다는 것입니다. 이것이 가능한 이유는 둘 다 반향정위 능력을 진화시켰기 때문입니다.

하지만 돌고래의 수중 음파 탐지기는 박쥐의 초음파 탐지기보다 덜 알려졌는데, 그 이유가 뭘까요? 돌고래를 연구하기가 쉽지 않기 때문입니다. 가장 작은 돌고래는 가장 큰 박쥐보다 약 40배나 무겁고, 작은 방 대신 큰 바닷물 수조가 필요합니다. 또한 돌고래는 박쥐보다 더 영리하고 훈련하기 어려우며 고집이 셉니다. 그리고 박쥐는 건물이나 숲에서 쉽게 발견할 수 있지만, 돌고래는 물속에서 살고요.

돌고래는 **이빨고래류** odontocetes에 속합니다. 이 그룹의 다른 구성원들인 쇠돌고래 porpoise, 흰고래 beluga, 일각돌고래 narwhal, 향유고래 sperm whale, 범고래 killer whale도 반향정위를 사용합니다. 범고래붙이 false killer whale인 키나 Kina는 음파 탐지기를 사용하여, 연구자들에게는 똑같아 보이지만, 머리카락 한 올만큼 굵기가 다른 '속이 빈 금속 대롱'들을 구별할 수 있습니다. 또한 반향정위를 하는 돌고래는 숨겨진 물체를 식별할 뿐만 아니라, 마치 TV 화면으로 보는 것처럼 시각적으로 인식할 수 있습니다. 이건 정말 놀라운 능력이지만, 잠깐 멈춰 그 의미를 곰곰이 생각해 보기로 해요. 돌고래는 물체의 위치를 파악하는 데 그치지 않고, 물체에 대한 정신적 표상을 구성한 후—쉽게 말해서, 물체의 윤곽을 머릿속에 그린 후—이를 다른 감각으로 번역하는 거예요. 그리고 그 매개체는 바로 소리입니다.

소리의 역할에 대한 이해를 돕기 위해, 색소폰을 예로 들어 볼게요. 만약 당신이 익히 알고 있는 색소폰 연주를 들으면, 당신은 악기의 모양을 머릿속에 떠올리고 음악이 흘러나오는 쪽으로 고개를 돌릴 거예요. 하지만 색소폰을 본 적이 없다면 어떨까요? 음악 감상만으로 악기의 모양을 예측할 수 있을까요? 아마 불가능할 거예요. 그런데 색소폰을 만져 보면 얼마든지 가능해요. 굳이 보지 않더라도 어떤 모양일지 확실하게 감을 잡을 수 있을 테니 말이에요. 반향정위란 바로 그런 감각입니다. 이 감각을 '소리로 보는 것'이라고도 하지만, 엄밀히 말하면 '소리로 만지는 것'이에요. 돌고래도 마찬가지예요. 반향정위를 하는 돌고래는 존재하지도 않는 손을 뻗어 주변을 더듬는 거랍니다.

동물이 내는 소리를 이런 식으로 생각하는 것에 익숙하지 않을 거예요. 일반적인 동물들, 예를 들어 짖는 개, 지저귀는 새, 노래하는 매미는 소리를 사용하여 다른 동물과 정보를 교환합니다. 하지만 반향정위를 하는 동물들은 다릅니다. 그 동물들은 남이 아니라, 자기 자신에게 정보를 전달하기 위해 소리를 내거든요. 그리고 이러한 소리는 의사소통이 아니라 탐색을 위한 것입니다.

돌고래는 예상치 못한 방식으로 초음파를 생성합니다. 돌고래의 머리 꼭대기에는 숨쉬는 콧구멍인 분수공이 있습니다. 분수공 바로 아래에는 음순phonic lip이라고 불리는 두 쌍의 발성 기관이 있습니다. 돌고래가 음순 사이로 공기를 불어넣으면, 진동하면서 딸깍 소리가 납니다. 이 소리는 멜론melon이라는 지방질 기관을 통과하여 앞으로 나갑니다. 돌고래의 이마가 불룩한 것은 바로 이 기관 때문이에요. 박쥐의 울음소리는 목구멍에서 시작되어 입이나 코를 통해 발사되는 반면, 돌고래의 딸깍 소리는 코에서 시작되어 이마를 통해 발사된답니다!

군사적 정밀도

1960년대 미국 해군은 돌고래를 훈련시켜 실종된 잠수부를 구조하고, 침몰한 장비를 찾고, 해저에 파묻힌 기뢰를 탐지하도록 했습니다. 기뢰란 적의 함선을 파괴하기 위하여 물속이나 물 위에 설치한 폭탄을 말해요. 그리고 1970년대에는 반향정위를 연구하기 시작했는데, 돌고래가 세상을 어떻게 인식하는지 이해하기 위해서가 아니라, 돌고래의 인식 방법을 더 잘 이해함으로써 군사용 음파 탐지기를 개선하기 위해서였습니다.

해군 연구원들은 돌고래의 음파 탐지기가 예상보다 훨씬 더 인상적이라는 것을 금세 깨달았습니다. 돌고래는 모양, 크기, 재질에 따라 물체를 구별할 수 있었습니다. 서로 다른 투명 액체로 가득 찬 용기를 구분할 수도 있었고, 하나의 음파 탐지 정보만으로 멀리 있는 목표물을 식별할 수도 있었습니다. 심지어 수 미터 깊이의 모래 속에 묻힌 물체를 찾아내고, 그 물체가 황

동인지 강철인지도 구별할 수 있었습니다. 이는 오늘날까지 어떤 음파 탐지 기술로도 달성하지 못한 성과입니다.

향유고래는 더욱 놀라운 능력을 보여 줍니다. 이 고래의 거대한 코는 약 15미터로 몸길이의 3분의 1에 달하며, 음순은 앞쪽에 있습니다. 음순이 진동하면 대부분의 소리는 고래의 머리를 통과해 뒤로 이동했다가 다시 앞으로 전달됩니다. 이 어처구니없는 우회하기(뺑뺑 돌기)에서 나오는 소리는 236데시벨로, 사실상 폭발음과 같습니다. 당연한 이야기이지만, 동물계에서 가장 큰 소리입니다!

돌고래를 비롯한 이빨고래류는 기이한 방식으로 자신의 메아리를 듣습니다. 돌고래 턱의 빈 부분은 멜론을 구성하는 것과 동일한 지방질로 채워져 있습니다. 이 지방은 소리를 돌고래의 내이로 전달합니다. 따라서 박쥐가 입으로 소리를 내고 귀로 듣는다면, 돌고래는 코로 소리를 내고 턱으로 듣는 셈이에요.

그리고 돌고래는 음파 탐지기를 사용하여 박쥐가 할 수 없는 일을 할 수 있습니다. 소리는 물속에서와 공기 중에서 각각 다르게 행동합니다. 즉, 소리는 물속에서 더 빠르고 더 멀리 이동하므로, 돌고래의 음파 탐지기는 어떤 박쥐도 넘볼 수 없는 범위에서 작동합니다. 반향정위를 하는 돌고래는 거의 800미터 떨어진 곳에서도 목표물을 탐지할 수 있습니다!

소리는 '물속의 물체' 및 '공기 중의 물체'와 각각 다르게 상호작용합니다. 공기 중에서는 고체의 표면에서 반사되지만, 물속에서는 살(대부분 물과 비슷한 밀도를 가집니다)을 통과하고 뼈나 공기 주머니와 같은 내부 구조에서 반사됩니다. 따라서 박쥐는 목표물의 겉모습과 질감만 감지하는 반면, 돌고래는 그 내부를 훤히 들여다볼 수 있어요. 만약 돌고래가 당신에게 초음파를 발사한다면, 폐와 골격을 감지할 수 있을 거예요. 심지어 참전 용사의 몸에 박힌 포탄 파편이나 임신부의 자궁 속 태아를 감지할 수도 있을 거예요. 돌고래는 주요 먹이인 물고기의 부레(공기로 가득 차 있으며, 물고기가 물에 뜨도록 해 줍니다)가 어떻게 생겼는지 꿰뚫어 보고 물고기 종을 구별할 수 있습니다. 심지어 물고기 몸 안에 낚싯바늘 같은 이물질이 들어 있는지도 알 수 있답니다.

이러한 사실의 대부분은, 생포된 돌고래를 대상으로 한 실험 덕분에 알려져 있습니다. 하지만 야생에서 돌고래들이 음파 탐지기를 사용하여 항해하고, 사냥하고, 문제를 해결하는 방법에 대해서는 알려진 것이 별로 없습니다. 잠수하는 향유고래는 바닥에 부딪히지 않기 위해 해저에 초음파를 발사할까요? 흰고래와 일각돌고래는 북극의 얼음 사이에서 먼 곳의 숨구멍을 탐색할까요? 돌고래가 물고기 떼 속으로 헤엄쳐 들어갈 때 한 마리에게만 집중할까요, 아니면 모든 물고기에게 집중할까요?

연구자들은 이제 자신들이 연구하는 동물에게 **음향 태그**—흡입 컵에 장착된 수중 마이크—를 부착함으로써 이러한 질문들에 답하려고 노력하고 있습니다.

2003년부터 한 과학자 팀은 카나리아 제도 근처에 서식하는 혹부리고래dense-beaked whale에게 음향 태그를 부착해 왔습니다. 그 결과, 혹부리고래들은 처음 잠수할 때는 아마도 범고래와 같은 '엿듣는 포식자'를 따돌리기 위해서 침묵을 지키지만, 일단 수심 400미터에 도달하면 소리를 내기 시작하고 보통 몇 분 안에 먹이를 찾아내는 것으로 밝혀졌습니다. 이 고래들은 매우 효율적인 사냥꾼이어서, 매일 약 4시간 동안만 사냥하면 큰 몸집을 유지하는 데 아무런 지장이 없답니다.

혹부리고래는 식성이 까다롭기로 유명한데, 그들의 별난 취향이 충족될 수 있는 것은 사정거리가 긴 '장거리 음파 탐지기' 덕분입니다. 비행하는 박쥐의 음파 탐지기는 매우 짧은 거리에서 작동하기 때문에, 박쥐는 언제나 1초 이내에 '마주친 곤충을 어떻게 할 것인지' 결정해야 합니다. 따라서 박쥐는 거의 즉시 반응해야 하지만, 유영하는 고래는 약 10초 이내에만 결정을 내리면 됩니다. 그렇다면 고래는 계획을 세울 수도 있을 거예요.

수중 음파 탐지기는 이빨고래류에게 생각할 기회를 제공할 뿐만 아니라, 동료들과 협력할 수 있도록 해 줍니다. 스피너돌고래spinner dolphin의 경우, 야간에 최대 28마리까지 팀을 이루어 먹잇감을 함께 사냥합니다. 이러한 사냥은 여러 단계를 거칩니다. 먼저, 스피너돌고래들은 간격을 넓게 벌린 채 한 줄로 늘어서서 사냥터를 순찰합니다. 그러다가 물고기나 오징

어 떼를 발견하면, 간격을 좁히고 먹이를 에워싸 모든 탈출로를 차단합니다. 그런 다음, 한 쌍의 돌고래가 반대쪽 끝에서 원 안으로 번갈아 돌진하여 갇힌 먹잇감을 사냥합니다.

사냥이 진행되는 동안 모든 스피너돌고래들은 대형을 매끄럽게 전환하는데, 이때 각각의 전환점에서 딸깍 소리를 낼 가능성이 높습니다. 혹시 서로에게 구호를 외치고 있는 걸까요? 팀원들의 위치를 추적하기 위해 초음파를 발사하는 걸까요? 아무도 확신할 수 없습니다. 어쨌든, 이들의 조율되고 지능적인 행동은 음파 탐지기 덕분에 가능한 것으로 보입니다. 음파 탐지기는 돌고래 한 마리의 길이보다 먼 거리에서 작동하는 감각이니 말이에요. 돌고래 무리는 물속에서 40미터 이상의 간격을 유지하지만, 소리로 연결되어 있기 때문에 일사불란하게 행동할 수 있습니다.

다니엘 키시Daniel Kish라는 남자는 돌고래들을 부러워합니다. 그는 내게 이렇게 말합니다.

"수중 음파 탐지기는 일종의 부정행위예요. 공기는 음파의 진행에 별로 도움이 안 되지만, 음파 탐지기는 공기 중에서 그럭저럭 작동하긴 해요. 그러나 물과 같은 매질medium이 있으면 엄청난 이점을 누릴 수 있어요."

갑자기 등장한 인물 때문에 어리둥절해하는 분들을 위해 짧은 힌트를 제공할게요. 키시는 반향정위 분야의 독보적인 인물이랍니다. 왜냐고요? 동물의 반향정위를 연구하지는 않지만, 자신이 반향정위를 사용하기 때문이에요.

셋

인간 반향정위자

다니엘 키시가 혀로 내는 딸깍 소리는 날카롭고 산뜻하고 우렁 찹니다. 마치 손가락을 튕기는 소리처럼 들립니다. 그리고 키시는 평생 동안 이 소리를 연습해 왔습니다.

키시는 악성 안암에 걸린 채 태어나 두 살이 되기 전에 두 눈의 시력을 모두 잃었습니다. 그러자 키시는 혀를 이용해 돌고래와 비슷한 딸깍 소리를 내기 시작했습니다. 키시는 규칙적으로 아기 침대에서 기어나와 집 안을 탐색했습니다. 한참 후에야 키시는 반향정위가 무엇인지 알게 되었고, 자신이 걸음마를 시작한 이후 줄곧 그것을 해 왔다는 사실도 알게 되었습니다.

곧 예순 살이 되는 키시는 여전히 혀를 딸깍거리며 반사된 메아리를 이용하여 세상을 인지합니다. 나는 캘리포니아주 롱비치에 있는 그의 집을 방문하여, 그와 함께 산책을 나갔습니다. 키시는 긴 지팡이를 사용하여 지면의 장애물을 감지하고, 반향정위를 통해 다른 모든 것을 감지하며 빠르고 자신만만하게 움직입니다. 나와 함께 걷는 동안, 키시는 우리가 지나가는 곳을 말해 줍니다. 그는 집들의 시작과 끝을 알고 있고, 현관과 식물의 위치를 파악할 수 있습니다. 차량이 어디에 주차되어 있는지도 알고 있습니다.

박쥐와 이빨고래류 외에, 여러 동물이 비교적 단순한 형태의 반향정위를 사용합니다. 땃쥐shrew와 같은 작은 포유류는 초음파를 이용해 길을 찾습니다. 남미의 기름쏙독새oilbird는 딸깍 소리를 내는데, 아마도 자신이 사는 동굴을 찾기 위해서일 것입니다.

키시를 비롯한 많은 사람이 증명했듯이, 인간도 메아리를 이용해 길을 찾을 수 있습니다. 인간의 반향정위는 박쥐나 돌고래만큼 발달하지는 않았지만, 키시는 박쥐인 지퍼에게는 없는 언어 능력을 가지고 있습니다. 그래서 그는 반향정위가 어떤 것인지 설명할 수 있습니다. 그리고 본다는 감각이 어떤 것인지는 기억하지 못하지만, 그는 주로 시각적인 단어로 음파 탐지기에 대한 경험을 묘사합니다.

날카로운 메아리를 보내는 유리창과 돌담은 '밝다'고 하며, 비교적 거친 메아리를 생성하는 나뭇잎과 돌은 '어둡다'고 합니다. 키시가 딸깍 소리를 낼 때면, 마치 어둠 속에서 성냥불이 켜지는 것처럼 일련의 '섬광'이 잇따라 나타나 그의 주변 공간을 잠깐씩 비춘다고 합니다.

소설이나 영화 속의 반향정위자

소설이나 영화에서 가상의 인물들이 반향정위를 할 때, 이 기술은 일반적으로 검은색 배경에 흰색 동심원으로 묘사되는데, 여기서 검은색 배경은 물체의 가장자리를 드러냅니다. 이러한 장면 중 일부는 원칙적으로 정확합니다. 다니엘 키시는 주변의 3차원 공간을 감지하기 때문입니다. 하지만 대

반향정위를 위해 딸깍 소리를 내는
남미의 기름쏙독새.

부분의 내용과 세부 사항은 꾸며낸 것으로, 별로 정확하지 않습니다.

애니메이션 TV 시리즈 〈아바타: 라스트 에어벤더〉의 등장인물 토프 베이퐁은, 반향정위보다는 뿔매미의 진동 감각에 더 가까운 기술을 가지고 있습니다. 마블 코믹스의 〈데어데블〉에서는, 캐릭터가 '레이더 감각'을 사용하기 위해 소리를 낼 필요가 없으므로 진정한 반향정위라고 할 수 없습니다. 키시를 비롯한 인간 반향정위자들은 종종 '배트맨 실사판'이라고 불리지만, 이 또한 완전히 틀린 표현입니다. 박쥐는 반향정위를 하지만, 배트맨은 그렇지 않기 때문입니다.

하지만 인간은 박쥐와 달리 초음파를 사용하지 않기 때문에, 키시의 음파 탐지기는 해상도가 떨어질 수밖에 없습니다. 그러다 보니 경계가 명확하지 않아서 물체는 경계가 아닌 밀도와 질감으로 정의됩니다. 키시가 나와 함께 산책하며 말해 준 바에 따르면, 나무는 크고 부드러운 덩어리로 덮인 단단한 수직 기둥처럼 들린다고 합니다. 나무 울타리는 철제 울타리보다 부드럽게 들리지만, 둘 다 철조망 울타리보다는 단단하게 들립니다. 주변의 희미한 소리들(관목 숲) 사이에 끼어 있는 청아한 소리(단단한 나무 문)는, 키시가 집으로 돌아왔음을 알려 줍니다.

반향정위 능력 덕분에, 키시는 시력을 보유한 사람들이 감히 할 수 없는 일들을 할 수 있습니다. 키시는 자신의 뒤에 있는 물체, 모퉁이 너머에 있는 물체, 또는 벽 너머에 있는 물체를 감지할 수 있습니다. 하지만 시각으로는 쉬운 일들이 음파 탐지기로는 매우 어렵습니다. 배경에 버티고 있는 큰 물체들이 작은 물체의 메아리를 가리기 때문입니다. 박쥐가 나뭇잎 위의 곤충을 찾는 데 어려움을 겪는 것처럼, 키시를 비롯한 인간 반향정위자들은 탁자 위의 물체를 찾는 데 어려움을 겪습니다.

시각 장애인을 위한 세계 접근성 World Access for the Blind

다니엘 키시에게 반향정위는 곧 자유입니다. 그는 도시 곳곳을 걷고, 자전거를 타고, 혼자 하이킹을 즐기기도 합니다. 그리고 2000년에는 시각 장애인들에게 반향정위를 가르쳐 주기 위해 '시각 장애인을 위한 세계 접근성'이라는 비영리 단체를 설립했습니다. 그와 마찬가지로, 시각 장애인인 다른 강사들은 수십 개국에서 수천 명의 학생들을 교육해 왔습니다.

이러한 이유로, 키시가 음파 탐지기에만 의존하는 경우는 거의 없습니다. 집안을 돌아다닐 때는 물건을 어디에 두었는지 기억하고, 동네를 걸을 때는 거리의 배치를 기억합니다. 청각이나 촉각 같은 다른 감각도 사용합니다. 그런 다음에 반향정위를 추가하는데, 이는 '물체와 키시 간의 상대적 위치'와 '물체 상호 간의 상대적 위치'를 알려 줍니다. 그의 기억과 다른 감각들은 그에게 정보를 제공하지만, 그의 딸깍 소리는 그 정보를 공간에 배치하는 거랍니다.

앞의 '장거리 음파 탐지기'에서 돌고래에 대해 이야기할 때, 나는 반향정위를 엄밀히 말해서 '소리로 만지는 것'이라고 썼습니다. 키시도 이렇게 말합니다.

"뭐랄까, 촉각의 연장선 같은 느낌이에요."

그의 딸깍거림은 목적의식을 갖고 있으며 탐색적입니다. 마치 박쥐처럼, 키시는 세상에 압력을 가하여 제 모습을 드러내도록 만듭니다.

어떤 면에서는 모든 감각이 이와 같을 수 있습니다. 맹금류는 눈으로 주변을 살피고, 뱀은 혀를 날름거려 냄새를 수집하고, 별코두더지는 별코로 터널 벽을 누르고, 시궁쥐는 수염을 휘젓고, 침엽수비단벌레는 날개를 퍼덕임으로써 적외선 탐지기를 민감하게 만들 수 있습니다. 하지만 반향정위 능력을 가진 박쥐, 돌고래, 또는 인간은 항상 탐색 중입니다. 지금까지 우리가 만난 감각 중에서 이처럼 능동적인 방식으로 작동하는 것은 반향정위뿐입니다.

그러나 그런 감각이 하나 더 있습니다. 그게 뭘까요?

10장

살아 있는 배터리와 나침반
전기장과 자기장

하나. 전기를 만드는 물고기
둘. 전압의 다양한 쓰임새
셋. 가야 할 길을 아는 동물들
넷. 감각 기관의 미스터리

하나

전기를 만드는 물고기

나는 수조 안에 있는 블러비Blubby라는 이름의 통통한 갈색 물고기를 응시하고 있습니다. 마치 '지느러미 달린 고구마'처럼 보이지만, 그 소박한 모습 뒤에는 놀라운 능력이 숨어 있습니다. 블러비는 전기메기인데, 적에게 충격을 줄 만큼 강한 전기를 만들 수 있습니다. 연구원 에릭 포춘Eric Fortune은 나에게 수조에 손을 넣어 보라고 권하며, 전기 충격이라고 해 봐야 배터리 핥는 것(권장하지는 않습니다!)과 비슷할 거라고 안심시킵니다. 나는 심호흡을 하고 수조 안에 손을 넣습니다. 블러비는 꿈쩍도 하지 않지만, 나는 엉겁결에 움찔합니다. 갑자기 느껴지는 전기의 힘에 공포를 느껴 팔을 홱 빼내니 사방에 온통 물이 튑니다.

약 350종의 물고기가 스스로 전기를 생성할 수 있습니다. 이들을 전기어electric fish라고 부르는데, 근육과 신경의 일부를 특수한 발전 기관으로 개조함으로써 이 독특한 능력을 진화시켰습니다. 발전 기관은 **전기세포**electrocyte로 구성되어 있고, 이 세포들은 마치 '옆으로 누운 팬케이크 탑'처럼 가로로 차곡차곡 포개져 있습니다. 전기어는 전기세포를 통해 **이온**ion이라고 불리는 하전 입자(전하를 띤 입자)의 흐름을 제어함으로써 전기를 만듭니다.

단언하건대, 전기뱀장어만큼 이 일을 잘하는 물고기는 없을 거예요. 전기뱀장어의 발전 기관은 2미터에 달하는 몸길이의 대부분을 차지하며, 5천 개에서 1만 개의 전기세포가 약 100겹으로 쌓여 있습니다. 세 종으로 구성된 전기뱀장어 중에서 가장 강력한 종은 860볼트의 전기를 만들 수 있습니다. 이 정도면 말 한 마리를 제압하는 데 충분합니다! 이러한 힘을 이용하여, 전기뱀장어는 작은 물고기나 다른 먹이의 근육을 마비시켜 옴짝달싹 못하게 합니다. 전기뱀장어의 발전 기관은 전기 충격기인 동시에 리모컨이므로 멀리서도 다른 동물의 몸을 제어할 수 있게 해 줍니다.

전기를 방출하여 전기장을 형성하는 전기뱀장어.

하지만 전기뱀장어는 특별한 경우입니다. 대부분의 전기어는 사람이 거의 느낄 수 없을 만큼 약한 전기 충격을 생성하며, 이 '약한 전기어'는 아프리카산 코끼리고기류elephantfish와 남아메리카산 칼고기류knifefish라는 두 그룹으로 나뉩니다. 전기뱀장어는 화려한 명성에도 불구하고 실제로 칼고기류에 속하며, 칼고기류에서 그렇게 강한 전기 충격을 생성하는 구성원은 전기뱀장어 하나밖에 없습니다.

이쯤 되면 많은 사람이 이런 의문을 떠올릴 거예요. 대부분의 전기어가 매우 약한 전기장을 형성한다면, 전기장은 애초에 왜 진화했을까? 무언가를 공격하거나 방어하기에는 너무 약하다면, 도대체 어디에 쓰기 위한 것이었을까? 좋은 질문이지만, 유명한 생물학자인 찰스 다윈을 포함한 1800년대의 많은 과학자가 이 질문에 답하지 못했습니다. 하지만 160년간의 연구 끝에, 마침내 코끼리고기류와 칼고기류가 전기장을 이용하여 주변 환경을 감지하고 물체 주변을 탐색한다는 사실이 밝혀졌습니다. 이렇게 하는 것을 **능동적 전기정위**active electrolocation라고 합니다. '전기어에게 전기'는 '박쥐에게 메아리', '개에게 냄새', '인간에게 빛'과 같은 존재입니다. 한마디로 움벨트의 중심인 거예요.

전기의 쇼킹한 역사

전기가 무엇인지 알려지기 훨씬 전부터, 인간은 전기어에 대해 알고 있었습니다. 약 5천 년 전, 이집트인들은 블러비 조상들의 모습을 무덤에 새겼습니다. 그리스인과 로마인들은 전기가오리torpedo ray의 기묘한 힘에 대해 기록했는데, 이 가오리는 작은 물고기를 죽이고, 낚시하는 사람의 팔에 창을 꽂는 듯한 통증도 유발할 수 있었습니다.

인간은 17세기와 18세기에 이르러서야 전기를 제대로 이해하기 시작했습니다. 그리고 동물이 전기를 만들 수 있다는 사실을 알게 되자, 전기어에 대한 연구는 전기 자체에 대한 연구와 연결되었습니다. 심지어 이 동물들은 최초의 인공 배터리를 설계하는 데도 영감을 주었습니다!

검은유령칼고기black ghost knifefish를 예로 들어 볼게요. 내 손만큼 길고, 칼날처럼 생긴 몸통은 다크초콜릿 색깔이며, 꼬리에 있는 발전 기관은 작은 배터리와 같습니다. 칼고기가 헤엄치는 동안, 발전 기관은 그들의 몸을 감싸는 전기장을 형성합니다. 이때 주변의 물체는 전기장을 강화하거나 약화시킬 수 있습니다. 예컨대 전기가 쉽게 흐르는 물체인 **도체**는 전기장을 강화합니다. 동물의 세포는 소금기 있는 액체로 가득 차 있어 도체 역할을 하지요. 반면에, 돌과 같은 **부도체**는 전기의 흐름을 약화시킵니다.

이러한 변화는 물고기 피부 각 부위의 전압에 영향을 미칩니다. 전기어는 **전기수용체**라는 감각 세포로 이 차이를 감지합니다. 칼고기는 온몸이 무려 14,000개의 전기수용체로 뒤덮여 있는데 이를 사용하여 주변 동물이나 물체의 위치, 크기, 모양, 거리를 파악합니다. 심지어 물고기가 앞을 볼 수 없을 정도로 탁한 물속에서도 마찬가지입니다.

사람이 망막에 비치는 빛을 통해 세상의 이미지를 보는 것처럼, 전기어는 피부를 가로지르는 전압 패턴을 통해 주변의 전기적 이미지를 생성합니다. 도체는 그 위에서 밝게 빛나고, 부도체는 전기적 그림자를 드리웁니다.

하지만 능동적 전기정위는 시각과는 다릅니다. 항상 노력이 필요하기 때문에 시각보다는 반향정위에 더 가깝습니다. 박쥐와 전기어의 경우, 메아리와 전류가 자신에게 도달하기를 기다리며 가만히 있을 수는 없습니다. 둘 다 자신이 감지할 수 있는 자극을 만들어 내야 합니다.

하지만 전기정위와 반향정위 사이에는 한 가지 중요한 차이점이 있으니, 전기장은 움직이지 않는다는 것입니다. 메아리는 물론, 냄새 분자, 음파, 표면 진동, 심지어 빛조차도 원천에서 수신자에게로 이동해야 합니다. 하지만 전기장의 경우, 칼고기가 발전 기관을 작동할 때마다 그 주변에 즉시 형성됩니다. 박쥐는 메아리가 돌아올 때까지 기다려야 하지만, 칼고기는 전기장을 기다릴 필요가 없습니다. 한마디로 전기정위는 즉각적인 감각입니다.

그리고 전기정위는 모든 방향으로 확장됩니다. 칼고기는 전후방, 상하좌우에 있는 장애물을 모두 피할 수 있습니다. 전방에 장애물이 있을 때는 후진할 수도 있어요! 하지만 전기장은 원천에서 멀어질수록 빠르게 약해지기 때문에 전기정위는 매우 짧은 거리에서만 작동합니다. 칼고기는 불과 몇 밀리미터 길이의 물벼룩을 잡아먹는데도 이 작은 조각들이 몸에서 1인치(대략 2.5센티미터) 이내의 거리에 있어야만 감지할 수 있습니다. 칼고기가 매우 민첩한 것은 바로 이 때문이에요. 감각 공간이 매우 작기 때문에, 신속하게 반응해야 하거든요. 장애물을 감지하면 급브레이크를 밟거나 재빨리 방향을 바꿔야 하고, 먹잇감을 발견했는데 이미 지나쳤을 때는—이런 경우가 다반사입니다—유턴하지 말고 곧바로 후진해야 합니다.

전기정위의 특성은 우리가 지금까지 살펴본 모든 감각 중에서 촉각과 가장 유사합니다. 전기어는 마치 전기로 주변을 만지는 것처럼 행동합니다. 우리가 사과나 컴퓨터 키보드의 표면을 손가락으로 훑는 것처럼, 전기어는 물체에 바짝 접근하여 몸을 앞뒤로 흔들며 물체를 조사합니다. 우리가 낯선 물건의 정체를 확인하기 위해 손에 쥐고 만져 보는 것처럼, 전기어는 불가사의한 물체의 모양에 대한 단서를 얻기 위해 몸으로 감싼답니다.

전기어의 감시망을 피하는 것은 매우 어렵습니다. 일반적으로 피식자는 시각과 청각에 의존하는 포식자를 속이기 위해 꼼짝 않고 있거나 숨거나 조용히 지냅니다. 하지만 이러한 속임수로는 전기정위를 피해 갈 수 없습니다. 전기어에게는, 살아 있는 모든 것이 살아 있지 않은 모든 것과 대비되어 눈에 띕니다. 그리고 그중에서도 가장 눈에 띄는 것은 바로 '다른 전기어'입니다.

전기어는 전기를 사용하여 서로 의사소통합니다. 다른 동물들이 색깔이나 노래를 사용하는 것처럼, 그들은 전기 신호를 이용하여 짝을 찾고, 영역을 확보하고, 분쟁을 해결합니다. 전기장은 의사소통에 안성맞춤입니다. 왜냐하면 소리처럼 왜곡되지 않고, 빛처럼 장애물에 흡수되지 않으며, 송신자와 수신자 사이의 공간에 즉시 나타나기 때문입니다.

어떤 전기어는 전기장을 켰다 껐다 하면서 드럼 소리와 같은 펄스를 생성합니다. 이러한 펄스의 '모양', 즉 시간에 따라 전압이 어떻게 변하는지는 물고기의 정체성에 대한 정보를 전달합니다. 마치 당신의 목소리가 당신의 정체성을 나타내는 것처럼 말입니다. 한편, 펄스의 '리듬'은 의미를 전달합니다. 어떤 리듬은 노랫소리처럼 매력적일 수 있고, 어떤 리듬은 으르렁거리는 소리처럼 위협적일 수 있습니다.

전기 신호가 만연하는 삶은 정말 기묘할 거예요. 전기어는 서로의 감시망에서 벗어날 수 없을 테니 말이에요. 주변 환경을 감지하기 위해 전기장을 형성할 때마다, 그들은 필연적으로 주변의 물고기들에게 자신의 존재와 정체성을 알리게 됩니다. 전기어로 가득 찬 강은 시끌벅적한 파티, 즉 모두의 입이 음식으로 가득 찼는데도 아무도 입을 다물지 않는 파티와 같을 거예요.

전압의 다양한 쓰임새

전기어는 전기 감각을 이용하여 길을 찾고 의사소통을 하지만, 그러기 위해서는 스스로 전기장을 형성해야 합니다. 하지만 어떤 동물들은 스스로 전기를 만들지 않고도 다른 생물이 생성하는 전기장을 감지할 수 있습니다. 이를 수동적 전기수용passive electroreception이라고 합니다.

상어는 이러한 능력의 최고봉이며, 과학자들이 이를 알아내는 데는 오랜 시간이 걸렸습니다. 1600년대에 한 연구자는 상어의 얼굴 전체에 작은 구멍들이 있다는 것을 발견했습니다. 그로부터 무려 3세기 후, 다른 연구자들은 이 구멍들이 전기수용체라는 것을 알아냈습니다. 하지만 수수께끼는 여전히 남아 있었어요. 상어는 스스로 전기를 생성하지 않는데, 왜 전기수용체를 가지고 있을까요? 연구 결과, 모든 생물은 물속에 있을 때 약한 전기장을 생성하는 것으로 밝혀졌습니다. 이 전기장은 전기어가 생성하는 전기장보다 천 배 정도 약하지만, 상어는 그것을 감지할 수 있기 때문에 물속 생물들이 상어에게 들키지 않는 것은 거의 불가능하답니다!

작은점박이괭이상어small-spotted catshark는 이 감각을 사용하여 맛

있는 도다리를 탐지합니다. 심지어 모래 속에 파묻혀 있을 때도 말입니다. 귀상어hammerhead도 똑같은 행동을 하는데, 그 이유는 넓고 납작한 머리—일명 '망치 머리'—가 전기수용체로 덮여 있기 때문입니다. 마치 우리가 해변에서 금속 탐지기를 사용하듯, 그들은 해저에 묻힌 먹음직한 보물을 찾아내기 위해 망치 머리를 마구 휘두르며 바닷속을 헤맵니다.

가오리의 친척인 톱가오리sawfish 또한 기묘한 모양의 머리에 전기수용체를 가지고 있습니다. 톱가오리의 주둥이 끝은 길고 납작한 칼날 모양인 데다 양쪽에 흉악한 이빨까지 나 있어, 물고기를 베는 데 사용할 수 있습니다. 그런데 이 '톱'에도 전기수용체가 가득 차 있습니다. 그래서 톱가오리는 전기 감각을 앞 공간까지 확장해, 탁한 물속에서도 유용하게 활용할 수 있답니다. 그러니까 이 톱은 전기 센서인 동시에 무기인 거예요!

메기와 일부 도롱뇽을 비롯한 다른 많은 동물들도 수동적 전기수용을 사용합니다. 심지어 전기 감각을 가진 포유류도 있습니다! 바늘두더지echidna—덩치 큰 고슴도치처럼 생긴, 호주산 '알 낳는 포유류'—는 주둥이 끝에 있는 전기수용체를 사용하여 축축한 토양을 탐색합니다. 바늘두더지의 가까운 친척인 오리너구리는 그 유명한 오리 같은 주둥이에 5만 개가 넘는 전기수용체를 가지고 있습니다. 그리고 많은 이들에게 익숙한 큰돌고래bottlenose dolphin와 남아메리카의 기아나돌고래Guiana dolphin도 이러한 능력을 가지고 있습니다.

지금까지 언급한 동물들은 모두 중요한 공통점을 가지고 있습니다.

바로 물속에서 전기수용체를 사용한다는 것입니다. 그래서 오랫동안 과학자들은 전기 감각이 육지에서는 작동하지 않는다고 생각했습니다. 하지만 웬걸! 벌에서 놀라운 사실이 발견되었습니다.

매일 약 4만 건의 뇌우(천둥과 번개를 동반한 비)가 전 세계를 강타합니다. 이 뇌우들이 모여 지구의 대기를 거대한 전기 회로로 만듭니다. 그런데 번개가 지면에 닿을 때마다 전하가 위로 이동하기 때문에, 상층 대기는 양전하를 띠고 지구 표면은 음전하를 띠게 됩니다. 고요하고 화창한 날에도, 이 강력한 전기장은 하늘에서 땅까지 뻗어 있습니다. 모든 생명체는 이 전기장 안에 존재하며, 그 영향을 받습니다.

예를 들어, 꽃은 음전하를 띱니다. 그리고 꽃잎, 잎, 그 밖의 구조물들Bumblebee에 의해 형성된 보이지 않는 전기 고리에 둘러싸여 있습니다. 뒤영벌은 사랑스러울 정도로 보송보송한 솜털을 이용하여 이 고리를 감지할 수 있습니다. 다시 말해서 이 털은 전기수용체입니다! 뒤영벌은 솜털을 이용하여 전기장만 다를 뿐 겉모습은 똑같아 보이는 꽃들을 구별할 수 있습니다.

이 놀라운 능력은 2013년에 와서야 발견되었는데, 이는 시작에 불과합니다. 장담할 수는 없지만, 다른 많은 작은 동물들도 미세한 털을 사용하여 전기장을 감지하고 있을 가능성이 높아요. 예를 들어, 거미도 전기장을 감지하는데 그 이유가 대단합니다. '공중 부양'을 통해 먼 거리를 이동하기 위해서라니요!

공중 부양을 하려면, 거미는 발끝으로 선 채 복부를 하늘 높이 치켜 올린 상태에서 거미줄을 뿜어내며 날아올라야 합니다. 이렇게 하여 공중에 도달한 다음, 수 킬로미터를 거뜬히 떠다닐 수 있습니다. 수년 동안 과학자들은 '바람에 날리는 거미줄이 거미를 끌어당긴다'고 생각했어요. 이것을 '바람설'이라고 합니다. 하지만 거미는 바람 한 점 없는 날에도 여전히 성공적으로 공중 부양을 할 수 있어요!

그렇다면 공중부양의 원동력은 뭘까요? 바로 전기입니다. 거미줄은 거미의 몸에서 빠져나가면서 음전하를 띠게 됩니다. 그러므로 거미가 음전하를 띤 식물에 앉아 있으면, 이 음전하들끼리 서로 밀어 내는 힘인 척력이 발생합니다. 이 힘은 비록 작지만, 거미를 공중에 띄우기에 충분합니다.

전기설은 바람설보다 이해하기가 더 어렵습니다. 우리는 바람이 부는 것을 느낄 수 있지만 정전기력은 느낄 수 없기 때문이에요. 그래서 전기 감각을 연구하거나 이해하는 일이 더 어렵고, 결국 우리는 상상력을 마음껏 발휘하는 수밖에 없는 것 같아요.

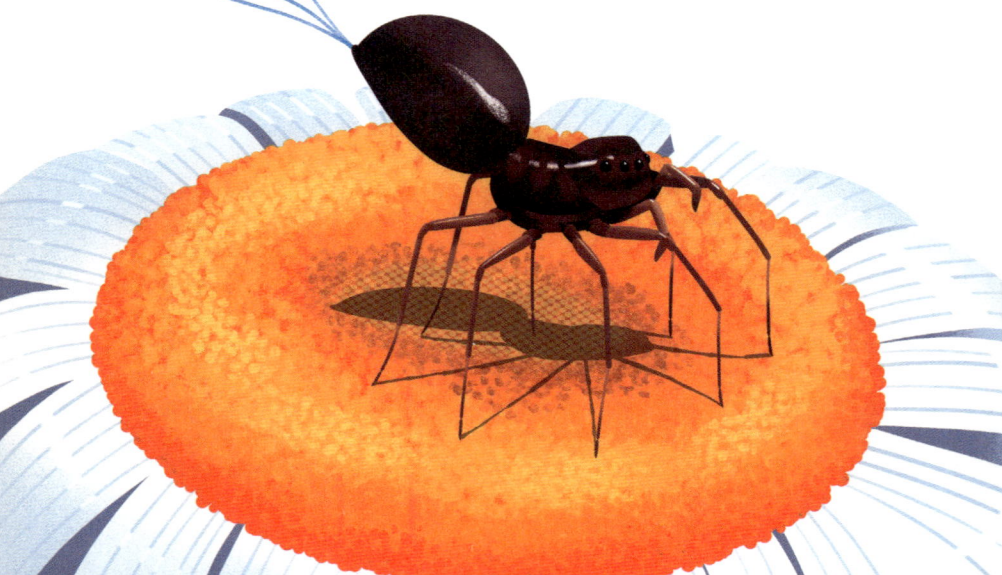

하지만 적어도 전기 감각을 연구하는 과학자들이라면, 어떤 동물이 전기 감각을 가지고 있고 어떤 기관으로 전기 감각을 느끼는지 알고 있습니다! 이 동물들이 자신의 능력으로 무엇을 할지 추측하고, 그 추측을 검증하기 위한 실험을 설계할 수도 있습니다. 그러나 불쌍하게도, 뒤에서 곧 살펴볼 감각을 연구하는 과학자들은 그렇지 않습니다.

셋

가야 할 길을 아는 동물들

해가 진 후, 에릭 워런트Eric Warrant와 나는 호주 스노우 마운틴의 자연 보호 구역인 코지어스코 국립 공원으로 차를 몰고 들어갑니다. 워런트는 두 나무 사이에 흰색 시트를 걸어 늘어뜨리고, 곤충을 유인하기 위해 거대한 등불로 시트를 비춥니다. 아니나 다를까, 곧 커다란 곤충 한 마리가 시트에 쿵 하고 부딪혀 풀밭으로 떨어지는 소리가 들립니다. 워런트는 몸을 숙여 곤충을 집어 듭니다.

"그래요, 이놈은 확실히 보공나방bogong moth이에요."

워런트가 플라스틱 병에 곤충을 담으며 말합니다. 병 안을 들여다보니, 나무껍질 색깔의 날개를 가진 1인치 길이의 나방이 맹렬하게 펄럭이고 있습니다. 워런트가 설명합니다.

"꼭 가야 할 데가 있어서 저렇게 안절부절못하는 거예요."

정말 그렇습니다. 매년 봄, 호주 남동부의 건조한 평원에서는 수십 억 마리의 보공나방이 고치에서 나옵니다. 보공나방들은 타는 듯한 여름이 올 것을 예상하고, 더위를 피하기 위해 서늘한 산속 동굴로 날아갑니다. 목적지는 1,000킬로미터나 떨어져 있는데, 나방들은 그곳에 가 본 적도 없고 심지어 날아 본 경험조차 없습니다. 하지만 햇나방들은 어느 길로 가야 할지 정확히 알고 있습니다.

처음에 워런트는 보공나방들이 별을 이용해 길을 찾는다고 생각했습니다. 하지만 곧, 하늘이 보이지 않는 어두운 방에 가두어 놓아도 여전히 올바른 방향으로 날아가려 한다는 것을 알게 되었습니다. 워런트는 마침내 그들이 지구의 자기장, 줄여서 지자기장을 이용한다는 사실을 깨달았습니다.

지구의 핵은 녹은 철과 니켈 같은 금속 원소로 둘러싸인, 공 모양의 쇳덩어리입니다. 액체 금속의 격렬한 움직임은 지구 전체를 거대한 막대 자석으로 만듭니다. 이 자석의 주위에 형성된 자기장은 남극에서 북극까지 지구를 감싸고 있습니다.

지자기장은 항상 존재합니다. 하루 종일, 사시사철 변하지 않으며, 날씨나 다른 장애물의 영향을 받지 않습니다. 이러한 이유로 인간은 천 년 넘게 지자기장을 나침반으로 이용해 전 세계를 항해해 왔습니다.

하지만 바다거북, 닭새우 spiny lobster, 명금류, 그 밖의 많은 동물들은 수백만 년 동안 마치 몸에 나침반이 내장된 것처럼 지자기장을 이용해 왔습니다. 이 능력을 **자기수용** magnetoreception이라고 부르는데, 쉽게 말해서 지자기장을 감지하는 능력을 의미합니다. 태양이나 별, 그 밖의 랜드마크가 가려져 시야에 포착되지 않을 때에도, 이 능력은 이동하는 동물들이 올바른 경로를 유지할 수 있도록 도와줍니다.

이주 불안증

과학자들은 새들 덕분에 자기수용을 발견했습니다. 새들은 이주할 때가 되면 눈에 띄게 불안해집니다. 심지어 사육장에서도 깡충깡충 뛰고, 훨훨 날고, 날개를 마구 펄럭입니다. 이러한 행동을 독일어로 **추군루에**Zugunruhe라고 하는데, 한국말로 번역하면 '이주 불안증'입니다. 새들은 때가 되면 이주 시기가 되었음을 알고, 어서 빨리 떠나고 싶어 합니다. 그리고 과학자들이 1950년대에 깨달았듯이, 그들은 가야 할 길을 잘 알고 있습니다.

독일의 **조류학자** 프리드리히 메르켈Friedrich Merkel과 그의 제자 한스 프롬Hans Fromme, 볼프강 빌치코Wolfgang Wiltschko는 가을철에 유럽울새들을 생포했습니다. 그리고 이 새들을 (바닥에는 잉크 패드를, 옆면에는 종이를 붙인) 새장에 가두었습니다. 그랬더니 이주를 갈망하는 새들은 깡충깡충 뛰면서 종이에 잉크 발자국을 남겼습니다. 과학자들은 이 발자국이 대체로 남서쪽을 가리키고 있다는 것을 발견했는데, 그쪽은 새장이 가로막지만 않았다면 화창하고 따뜻한 스페인으로 갈 수 있는 방향이었습니다. 새장이 실내에 있고 모든 랜드마크가 가려져 시야에 포착되지 않을 때에도, 새들은 올바른 방향을 가리킬 수 있었습니다. 이는 새들이 지자기장을 이용한다는 것을 의미합니다.

과학자들은 동물계 전체에서 자기수용의 증거를 발견했습니다. 그런데 특이한 점이 있어요. 우리가 지금까지 살펴본 다른 감각들은 대부분 의사소통에 사용되는데, 이 감각은 의사소통에 사용되지 않거든요. 게다가 동물은 스스로 자기장을 생성하지 않으며, 그들이 감지할 수 있도록 진화한 자기장은 지자기장 하나밖에 없습니다. 그리고 거의 항상, 그들은 방향을 찾기 위해 지자기장을 사용합니다.

많은 새 종은 계절적 이동을 할 때 자기수용, 즉 일명 나침반 감각을 사용합니다. 하지만 다른 동물들은 갖가지 이유로 나침반 감각을 사용하여 중장거리를 이동합니다. 예컨대 큰갈색박쥐는 곤충을 잡느라 바쁜 밤을 보낸 후, 나침반 감각을 이용하여 집으로 돌아갑니다. 먹테얼게비늘cardinal fish은 탁 트인 바다에서 어린 시절을 보낸 후, 나침반 감각을 이용하여 자신이 태어난 산호초로 헤엄쳐 돌아갑니다. 벌거숭이두더지쥐는 어두운 지하 터널 속에서 나침반 감각을 이용해 길을 찾습니다. 그리고 워런트가 발견한 것처럼, 보공나방은 호주 횡단 비행에서 나침반 감각을 이용하여 방향을 잡습니다.

현장 속으로

동물: 쇠고래gray whale

장소: 전 세계 바다

어떤 고래들은 해마다 적도에서 극지방까지 놀라운 정확도로 이동한다. 그들도 자기 감각을 사용할까? 고래는 너무 거대해서 알아내기가 매우 어렵다. 울새나 나방을 새장에 넣고 어느 방향으로 날아가려고 하는지 지켜볼 수는 있지만, 무려 40톤이나 되는 고래에게 그렇게 해 보라! 제시 그레인저Jesse Granger는 더 창의적인 방법을 찾아야 했다. 그래서 생각 끝에 태양에 주목했다.

태양은 주기적으로 태양 폭풍을 발생시킴으로써 지자기장을 교란한다. 만약 고래가 자기 감각을 가지고 있다면, 이러한 폭풍은 고래의

나침반을 엉망으로 만들 수 있다. 그리고 이로 인해 혼란스러워하는 고래들이 해안선 근처에 있다면, 결국 육지에 좌초될 거라고 그레인저는 추론했다.

이 가설을 검증하기 위해, 그레인저는 건강하고 다친 데 없는 쇠고래들이 명확한 이유 없이 해변에 좌초된 시기와 장소를 보여 주는 33년치 기록을 살펴보았다. 그 결과, 명확한 패턴이 드러났다. 가장 강력한 태양 폭풍이 일어났을 때, 쇠고래가 해변에 좌초될 가능성이 4배나 높았던 것이다.

이러한 상관관계가 고래에게 나침반 감각이 있다는 것을 증명하는 것은 아니지만, 그럴 가능성을 강력하게 시사한다. 더 나아가, 이는 자기수용이라는 감각의 경이로운 속성을 보여 준다. 간단히 요약하면 다음과 같다. '행성의 녹은 금속 층이 만들어 내는 힘'이 '머나먼 항성이 일으킨 폭풍'과 충돌하여 떠돌아다니는 동물의 마음을 흔든다. 이로 인해 동물이 성공적으로 길을 찾을 것인지, 아니면 영원히 길을 잃을 것인지가 결정된다.

하지만 바다거북의 이주만큼 위험하고 긴 이동은 거의 없을 거예요. 아기 거북은 모래사장에 묻힌 알에서 부화합니다. 플로리다에서 부화한 바다거북은 바닷속으로 들어가, 10년 동안 대서양을 시계 방향으로 천천히 돌며 떠다니는 해초 사이에 숨어 지냅니다. 마침내 충분히 자라면 태어난 해변으로 돌아옵니다. 이 장대한 여정을 성공적으로 마치

기 위해, 바다거북은 하나가 아닌 두 가지 자기 감각을 사용합니다.

켄 로만Ken Lohmann은 오래전에 이 두 가지 감각을 발견했고, 오늘날까지도 바다거북을 연구하고 있습니다. 로만은 매년 9월, 아기 붉은바다거북loggerhead을 데려와 이듬해 6월까지 연구실에서 돌보다가 방생합니다. 내가 로만을 방문했을 때, 연구실의 아기 바다거북들은 모두 파스타에서 딴 이름을 가지고 있었어요. 라자냐, 지티, 보우타이, 그리고 내가 가장 좋아하는 투르텔리니가 수조 속에서 이리저리 헤엄치고 있었답니다.

1990년대에 로만은 붉은바다거북이 어느 방향으로 헤엄쳐야 할지 알려 주는 나침반 감각을 가지고 있다는 사실을 증명했습니다. 하지만 바다거북에게는 또 다른 자기 감각이 있으니, 바로 '지자기장이 지표면에서 어떻게 변하는지'를 이해한다는 것입니다. 이러한 변화는 바다의 각 지점에 고유한 자기적 특징을 부여하여, 지자기장이 해양 지도 역할을 할 수 있도록 해 줍니다. 아기 거북은 이 지도를 읽고, 자신이 대서양의 어느 지점에 와 있는지를 정확히 파악할 수 있는 것으로 밝혀졌습니다. 만약 미국에서 부화한 거북을 데려다 몇 년 후 유럽에서 마주칠 자기적 특징에 노출시킨다면, 그 아기 거북은 유럽에 도착한 줄 알고 향후 일정에 따라 능숙하게 헤엄칠 거예요. 유럽에 가 본 적이 한 번도 없을 텐데 말이에요.

이 놀라운 능력을 이용하여, 붉은바다거북은 자신이 부화한 바로 그 해변에 알을 낳습니다! 더 가까운 곳에 아무리 좋은 해변이 있더라도, 때로는 자신이 태어난 해변을 찾아 수백 킬로미터를 헤엄치는 수고를 마다하지 않는답니다. 바다에서 몇 년을 보낸 후에도 고향을 찾아갈 수 있는 것은 바로 자기 감각에 기반한 해양 지도 덕분입니다.

하지만 거북에 대해 이 모든 것을 알아냈음에도 불구하고, 로만은 여전히 거북 또는 다른 동물이 자기장을 어떻게 감지하는지는 알지 못합니다. 사실, 이에 대해 제대로 알고 있는 과학자는 아직 한 명도 없습니다.

어떤 감각이든 아직 풀리지 않은 의문들이 있습니다. 하지만 적어도 시각, 후각, 심지어 전기 감각에 대해서 과학자들은 대략 어떻게 작동하고 어떤 감각 기관이 사용되는지 알고 있습니다. 그러나 자기 감각은 그렇지 않습니다. 많은 부분이 여전히 베일에 가려져 있으며, 알려진 것이 가장 적은 감각입니다.

넷

감각 기관의 미스터리

동물의 감각 기관을 찾는 것은 일반적으로 어렵지 않습니다. 감각 기관은 거의 항상 환경에 노출되어 있거나 동공이나 콧구멍 같은 구멍을 통해 환경과 연결되어 있기 때문입니다. 이러한 구멍은 중요한 단서가 될 수 있습니다. 예를 들어, 방울뱀의 구멍과 물고기의 측선이 어떤 용도로 사용되는지 알아내기 훨씬 전부터 과학자들은 그것들이 감각 기관이라는 것을 알고 있었습니다.

하지만 자기수용을 연구하는 과학자들은 그러한 단서를 가지고 있지 않습니다. 빛이나 소리와 달리, 자기장은 피부, 살, 뼈에 의해 차단되지 않기 때문입니다. 따라서 자기장을 감지하는 세포인 **자기수용체**는 동공과 콧구멍 같은 구멍이나 수정체와 귓바퀴같이 '초점을 맞추는 신체 부위'가 필요하지 않습니다. 자기수용체는 머리, 발가락, 또는 머리부터 발끝까지 어느 부위에든 존재할 수 있습니다. 심지어 감각 기관에 집중되지 않고, 다양한 신체 부위에 흩어져 있을 수도 있습니다.

어떤 과학자들은 새의 자기수용체가 눈 속의 특수 화학 물질과 관련되어 있다고 생각하는 반면, 다른 과학자들은 부리 속의 자성 광물질 또는 귓속의 체액과 관련되어 있다고 주장합니다. 이 모든 이론이 전부 맞을 수도 있고, 어쩌면 다 틀릴 수도 있습니다.

내가 이 책을 쓰는 시점에도, 자기수용은 알려진 센서가 없는 유일한 감각으로 남아 있습니다. 수용체가 무엇인지, 심지어 어디에 있는지도 잘 모르는 상태에서 그것이 어떻게 작동하는지를 알아내기는 매우 어렵습니다. 따라서 자기수용 연구는 다른 어떤 감각을 연구하는 것보다도 더 어렵습니다.

역사를 통틀어, 동물의 감각에 대한 아이디어를 제시했다가 처음에는 틀렸다고 조롱받거나 무시당했지만, 결국 옳았던 것으로 판명된 과학자들의 사례가 많습니다.

하지만 그 반대도 마찬가지입니다. 즉, 옳다고 여겨졌던 발견이 나중에는 틀린 것으로 밝혀지기도 합니다. 늘 그런 건 아니지만, 과학은 어느 정도 이런 식으로 작동합니다. 과학자들은 실험을 반복하여, 어떤 주장은 검증하고 어떤 주장은 부정확하다는 것을 폭로함으로써 서로의 연구 결과를 확인합니다. 이것이 바로 그 유명한 '견제와 균형 시스템'입니다. 과학은 스스로를 교정하지만, 자기수용에 대한 과학은 대부분의 경우보다 더 많은 교정을 필요로 하는 것 같습니다. 실제로 이 감각에 대한 많은 주장이 완전히 틀렸고, 많은 연구가 심각한 오류를 가진 것으로 드러났습니다.

더 심각한 문제는, 자기수용체를 찾기 위한 노력이 마치 경주처럼 되어 버렸다는 것입니다. 그 결과, 승자에게 주어지는 영광이라는 약속은 '신중하고 체계적인 연구'보다는 '신속한 연구와 거창한 주장'을 부추기게 되었는데, 전자는 더디게 진행되는 경향이 있기 때문입니다.

자기수용을 연구하기 어려운 마지막 이유는 어떤 동물도 이 감각에만 의존하지 않는다는 것입니다. 그보다는 차라리, 동물들은 시각처럼 더 신뢰할 수 있는 감각이 작동하지 않을 경우를 대비해 자기수용을 '예비 감각'으로 사용하는 것으로 보입니다. 예를 들어, 보공나방은 자기 신호가 없더라도 밤하늘의 별자리를 보고 방향을 찾을 수 있습니다. 또 아기 붉은바다거북은 난생처음 바다에 들어갈 때, 자기장을 무시하고 파도의 방향에 의존하여 바다로 나아갑니다.

자기수용체는 동물이 단 하나의 감각만을 단독으로 사용하는 법이 없다는 것을 일깨워 줍니다. 가능한 모든 감각을 동원한다는 점에서, 동물들도 우리와 마찬가지로 다중 감각을 보유하고 있다고 할 수 있습니다.

11장

부분과 전체
감각의 통합

하나.   감각의 상호작용
둘.   문어의 총체적 이해

감각의 상호 작용

나는 수만 마리의 모기에 포위되어 있습니다. 이들은 이집트숲모기 *Aedes aegypti*라고 불리며, 지카 바이러스 감염증, 뎅기열, 황열병을 퍼뜨리는 주범으로 악명이 높습니다. 이 질병들은 '내가 걸리고 싶지 않은 질병' 목록의 맨 위에 있는데, 다행히도 나와 방에 같이 있는 곤충들은 모두 하얀색 그물망 채집통 안에 갇혀 있습니다. 신경 과학자 크리티카 벤카타라만 Krithika Venkataraman은 채집통 하나를 선반에서 꺼내어 탁자 위에 올려놓습니다.

나는 몇 분 후 무심코 채집통을 내려다보다, 거의 모든 모기가 나와 가장 가까운 쪽 그물망에 앉아 있는 것을 보고 공포에 휩싸입니다. 그들의 가늘고 뾰족한 주둥이가 그물코 밖으로 튀어나와 있습니다.

모기는 사람이 내쉬는 숨 속의 이산화 탄소뿐만 아니라, 우

리 몸의 열과 피부 냄새에도 이끌립니다. 과학자들이 배고픈 모기에게 물리지 않는 효과적인 방법을 찾는 데 어려움을 겪는 것은 바로 이 때문입니다. 한 가지 감각이 마비되더라도, 모기는 다른 감각을 얼마든지 활용할 수 있습니다. 후각, 시각, 열 감각, 미각…… 모기는 이 모든 감각을 이용하여 목표물을 찾아냅니다.

그리고 이러한 감각들은 복잡한 방식으로 상호 작용합니다. 예컨대 모기는 온혈 동물의 체온에 이끌리지만, 이산화 탄소 냄새를 먼저 맡았을 때만 그렇습니다. 만약 이산화 탄소가 없다면, 모기는 열을 위험 신호로 간주합니다. 하지만 이산화 탄소가 있다면, 열은 근처에 먹이가 있다는 신호입니다.

인간의 감각도 이와 똑같은 방식으로 결합될 수 있습니다! 누군가에게 더러운 양말 사진을 보여 주며 아이소발레르산isovaleric acid이라는 화학 물질 냄새를 맡게 하면 역겨워할 것입니다. 하지만 소프트치즈 사진을 보여 주며 똑같은 화학 물질의 냄새를 맡게 하면, 향기롭고 맛있는 냄새로 여길 것입니다.

1장부터 10장까지, 우리는 각 감각의 고유한 특징을 더 잘 이해하기 위해 감각을 하나씩 차례로 살펴보았습니다. 하지만 동물은 여러 감각을 개별적으로 사용하지 않습니다. 모기와 마찬가지로 동물들은 모든 감각에서 얻은 정보를 종합합니다. 각 감각에는 장단점이 있습니다. 특정 감각을 떼어 놓고 보면, 어떤 때는 유용하지만 다른 때는 쓸모가 없을 수도 있습니다. 그렇기 때문에 동물들은 한 감각의 강점으로 다른 감각의 약점을 극복함으로써 최대한 많은 정보를 활용합니다.

개는 후각의 달인이지만 청각도 뛰어납니다. 올빼미는 청각이 뛰어나지만 예리한 눈도 가지고 있습니다. 깡충거미는 예리한 시각에 의존하지만, 표면 진동과 소리에도 민감합니다. 바다표범은 수염을 이용하여 물고기가 남긴 잔물결을 추적하지만, 눈과 귀도 사냥에 도움이 됩니다. 다니엘 키시는 동네를 걸을 때 반향정위를 사용하지만, 지팡이도 사용합니다.

단순한 상호작용을 넘어, 몇 가지 감각이 서로 뒤섞여 하나가 될 수도 있습니다. 어떤 사람들은 **공감각**이라는 것을 경험하는데, 이는 서로 다른 감각이 혼합된 것처럼 느껴지는 것을 말합니다. 즉, 어떤 사람들은 소리에서 질감이나 색깔을 느낄 수 있습니다. 단어에서 맛을 느끼는 사람도 있습니다. 인간의 경우에는 이러한 '감각의 혼합' 현상이 드물지만(2~4퍼센트의 사람들만이 경험합니다), 동물 세계에서는 흔한 일입니다!

예를 들어, 오리너구리의 오리처럼 생긴 부리에는 '전기장을 감지하는 수용체'와 '촉감을 감지하는 수용체'가 각각 존재합니다. 하지만 오리너구리의 뇌에서는, 전기수용체로부터 신호를 받는 뉴런이 촉각 센서로부터도 신호를 받습니다. 그렇다면 오리너구리는 전기촉각electrotouch이라는 융합된 감각(전기 감각 + 촉각)을 가지고 있을 가능성이 있습니다. 이와 마찬가지로, 모기는 온도와 화학 물질 모두에 반응하는 뉴런을 가지고 있습니다. 그리고 개미의 더듬이는 후각과 촉각을 모두 담당하는 기관입니다.

오리너구리처럼 완전히 융합되지 않더라도, 동물의 감각은 다른 방식으로 결합될 수도 있습니다. 9장에서 살펴본 것처럼, 돌고래는 반향 정위를 사용하여 '숨겨진 물체'를 탐지한 후 그것을 시각적으로 인식할 수 있습니다. 즉, 한 감각을 사용하여 물체에 대한 정신적 표상을 구성한 다음, 이것이 다른 감각에 의해 활용될 수 있도록 하는 것입니다. 돌고래와 인간처럼 '뇌가 큰 종'만이 이런 능력을 보유한 것은 아닙니다. '십자가 모양'과 '공 모양'의 차이를 시각적으로 배우는 전기어의 경우, 이것을 전기 감각으로 구별할 수도 있습니다. 심지어 뒤영벌의 경우에도, 시각적 차이를 배우고 나면 촉각을 통해 물체를 구별할 수 있습니다.

어떤 감각들은 동물들이 자신의 몸 상태를 알 수 있도록 신체 내부를 모니터링합니다. 몸의 위치와 움직임을 감지하는 고유 감각이 그렇고, 균형을 감지하는 평형 감각도 그렇습니다. 하지만 이러한 내부 감각은 자주 연구되거나 논의되지 않으며, 이 책에서도 대부분 다루지 않았습니다. 내부 감각이 중요하지 않아서가 아니랍니다! 사실 너무나 중요해서 우리는 내부 감각을 당연하게 여기는 경향이 있습니다. 우리는 시각이나 청각 없이도 그럭저럭 지낼 수 있지만, 내부 감각이 없다면 한순간도 살 수 없을 거예요. 내부 감각은 동물에게 스스로에 대해 알려 줌으로써, 다른 모든 것을 이해하는 데 도움을 줍니다.

이 책에서 우리는 모든 감각을 별개의 부분으로 살펴보았습니다. 하지만 감각을 진정으로 이해하기 위해서는 부분에 얽매이지 말고 '통합된 전체'의 일부로 생각해야 합니다. 그리고 이것이야말로 우리 모두가 앞으로 해 나가야 할 일입니다.

셀프 간지럼 태우기가 불가능한 이유

우리가 몸을 움직일 때마다 신경계는 '어떤 일이 일어날 것인지'를 감각계에 사전 경고합니다. 우리가 스스로를 간지럽힐 수 없는 것은 바로 이 때문입니다. 어떤 감각이 느껴질지 미리 예측하고 있기 때문에, 자신의 손가락이 피부에 닿았을 때 간지럽다는 느낌이 들지 않는 것입니다!

그래서 '당신이 친구의 손을 만질 때'와 '친구가 당신의 손을 만질 때'의 느낌이 다른 것입니다. 두 경우 모두, 손에 있는 수용체가 똑같은 방식으로 활성화되는데도 말입니다. 동물의 몸도 이와 같은 예측을 합니다. 이러한 예측은 '외부에서 입력된 감각 정보'와 '동물이 스스로 생성한 정보'를 구분하는 데 도움을 줍니다.

우리는 우리 몸과 바깥세상의 차이를 구분할 수 있다는 것을 당연하게 여깁니다. 이는 대수롭지 않은 것처럼 보일 수 있지만, 사실은 대단한 능력입니다! 간단해 보일지 모르지만, 동물의 신경계가 제일 먼저 해결해야 하는 어려운 문제이기도 합니다. 왜냐하면 동물은 자신을 먼저 이해하지 않고서는 주변 환경을 제대로 이해할 수 없기 때문입니다.

둘

문어의 총체적 이해

나는 뉴욕에 있는 심리학자 프랭크 그라소Frank Grasso의 연구실을 방문했습니다. 그리고 그의 연구 대상 중 하나인 라Ra라는 이름의 문어를 방금 만났습니다. 그라소는 게가 들어 있는 검은 뚜껑이 달린 병을 라가 있는 수조 속으로 떨어뜨리고, 무슨 일이 일어나는지 지켜봅니다. 라는 재빨리 병을 움켜쥐고, 마치 병을 열려는 듯 팔로 뚜껑을 감쌉니다. 라는 이런 식으로 병을 연 적이 여러 번 있습니다. 하지만 오늘은 그러지 않습니다. 오히려 흥미를 잃고, 꽉 잠긴 병을 아무렇게나 팽개쳐 놓고 먼 곳으로 헤엄쳐 갑니다.

라가 오늘따라 왜 이러는 걸까요? 라는 가끔씩 병을 열지만 왜 항상 열지는 않을까요? 그 이유를 알아내려면 라의 신경계 전체가 어떻게 작동하는지, 라가 유연한 몸을 어떻게 제어하는지, 뇌와 몸이 어떻게 결합하여 하나가 아닌 두 개의 움벨트를 만들어 내는지 이해해야 합니다.

문어의 신경계는 약 5억 개의 뉴런으로 구성되어 있습니다. 하지만 그중 3분의 1만이 머리, 즉 '중앙 뇌'에 있습니다. 나머지 3억 2천만 개의 뉴런은 여덟 개의 팔에 있습니다. 각 팔은 독립적으로 움직일 수 있습니다. 팔은 쭉 뻗어 물건을 움켜잡고 끌어당기는 데 필요한 뉴런을 모두 가지고 있으며, 중앙 뇌의 명령을 받지 않습니다. 심지어 팔은 스스로 미로 문제를 풀 수도 있습니다. 요컨대, 문어는 마치 아홉 개의 뇌―팔에 여덟 개, 머리에 한 개―를 가지고 있는 것처럼 행동합니다. 팔은 제각기 따로 놀고, 뇌는 아주 가끔씩만 끼어들어 문어 전체를 조종하는 것 같아요.

심지어 문어의 중앙 뇌는 인간의 뇌와 전혀 다르게 조직화되어 있습니다. 인간의 뇌에는 대략적인 신체 지도가 내장되어 있습니다. 이 지도에 따라, 각 신체 부위(예: 손가락)에서 입력된 감각은 상응하는 별도의 뉴런들에 의해 처리됩니다. 그리고 뇌의 각 영역은 특정 신체 부위의 움직임을 제어하므로 과학자들은 실험 시 적절한 영역을 자극함으로써 피험자의 손을 들거나 팔을 뻗게 할 수 있습니다.

하지만 문어의 중앙 뇌에는 신체 지도가 없는 것 같아요. 한쪽 팔을 뻗게 하는 듯한 뇌 영역을 자극하면 다른 팔들도 덩달아 뻗는 걸 보니 말이에요. 그렇다면 두 가지 의문이 떠오릅니다. 첫째, 문어는 첫 번째 팔의 스무 번째 빨판이 게에 닿았는지 알 수 있을까요? 내가 오른손 검지의 감촉을 느끼는 것처럼 말이에요. 아마도 아닐 거예요! 첫 번째 팔이 먹이를 찾았다는 사실만 알고, 세부 사항은 팔이 알아서 처리하도록 내버려두는지도 몰라요. 둘째, 문어는 자신의 팔이 어디에 있는지 알고 있을까요? 내가 내 몸 전체를 한눈에 꿰뚫고 있는 것처럼 말이에요. 역시 아닐지도 모릅니다!

그럴듯한 이야기네요. 인간의 경우, 뇌가 몸을 조종하는 방법은 비교적 간단합니다. 왜냐하면 뼈와 관절 때문에 움직임이 제한되기 때문이에요. 예컨대 머그잔을 집어 들거나 공을 던지는 방법은 의외로 그리 많지 않습니다. 하지만 문어의 몸은 부드럽고 유연합니다. 피부의 색깔과 질감을 마음대로 바꿀 수 있고, 여덟 개의 팔을 각각 뻗고, 움츠리고, 구부리고, 회전시킬 수 있습니다. 아무리 큰 뇌라도 하나의 뇌로 그렇게 많은 선택지와 가능성을 파악하려면 벅차지 않을까요? 하지만 문어의 중앙 뇌는 그럴 필요가 없습니다. 대부분의 경우, 팔이 스스로 알아서 움직이도록 내버려두니까 말이에요.

따라서 문어는 두 가지 다른 감각 세계에 살고 있다고 할 수 있습니다. 팔은 '미각과 촉각'의 세계에 살고, 머리는 '시각'에 집중하는 거죠. '게가 든 병'을 열기 시작했을 때, 라는 마치 의도적으로 그렇게 하는 것처럼 보였어요. 하지만 주도권은 어디에 있었을까요? 라의 뇌가 팔을 조종한 걸까요, 아니면 팔이 독자적으로 새로운 물체를 탐색한 걸까요? 라가 병을 더 이상 열지 않았을 때도 마찬가지예요. 그것은 라가

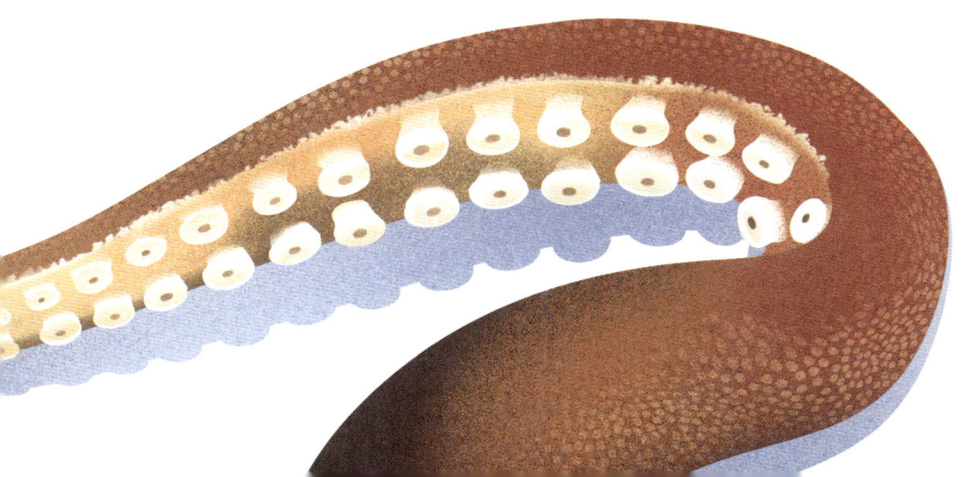

지루해졌기 때문일까요, 아니면 팔이 지루해졌기 때문일까요? 문어의 팔이 지루해진다는 게 말이 되냐고요? 누가 알겠어요!

이러한 질문들에 답하기는 매우 어렵습니다. 하지만 우리가 '특정 동물로 산다는 게 무엇인지'를 진정으로 이해할 수 있는 유일한 방법은 그 동물에 대해 가능한 한 많이 배우는 것입니다. 우리는 그 동물의 모든 감각, 신경계, 욕구, 환경, 과거, 현재에 대해 알아야 합니다. 이것이 얼마나 어려운 일인지, 그리고 함부로 추측했다가 틀리기가 얼마나 쉬운지도 인식해야 합니다.

그럼에도 우리는 '다른 동물 세계의 경험'을 배움으로써 '우리 세계에 대한 이해'가 넓어질 것이라는 사실을 명심하며, 희망을 품고 앞으로 나아가야 합니다. 그리고 그럴 시간이 얼마 남지 않았다는 것을 알고 서둘러 행동해야 합니다.

감각의 통합

12장

고요함을 살리고
어둠을 보존하라
위기에 처한 감각 풍경

하나. 너무 많은 빛
둘. 고요함을 깨는 소리
셋. 우리가 나아가야 할 길

하나

너무 많은 빛

나는 제시 바버와 바버의 두 학생과 함께 와이오밍주의 그랜드 티턴 국립 공원에 와 있습니다. 해가 지자 공원에서 가장 큰 인공 시설인 콜터 베이 주차장 근처의 대형 산업용 건물에서 작은갈색박쥐들이 우르르 쏟아져 나옵니다. 9장에서 언급한 큰갈색박쥐와 마찬가지로, 작은갈색박쥐는 공식적인 종 이름일 뿐입니다!

내가 지켜보는 동안 바버와 학생들은 커다란 그물로 박쥐들을 생포하여, 쌀알만 한 크기의 장치를 박쥐들의 등에 연신 달아 줍니다. 이 장치는 박쥐의 움직임을 추적하는 데 사용되는 무선 태그입니다. 시간이 지날수록 어두워지지만, 반향정위를 하는 박쥐들은 아무렇지도 않은 듯 날아다닙니다. 우리 머리 위로 날아다니는 뾰족귀올빼미sharp-eared owl도, 이산화 탄소를 추적하여 나를 무는 모기도 물 만난 고기처럼 활개를 치고 있습니다. 하지만 바버와 학생들은 헤드램프를 사용해야만 야간 작업을 할 수 있는데, 이게 약간의 골칫거리입니다. 헤드램프의 빛 때문에 곤충 떼가 구름같이 모여들고 있거든요.

바버가 한밤중에 이곳을 찾아와 구슬땀을 흘리고 있는 이유는 아이러니하게도 '세상을 밝히기 위해서'가 아니라 '어둠을 보존하기 위해서'입니다. 바버는 세상을 걱정하는 감각 생물학자 중 한 명으로, 인간이 세상을 너무 많은 빛으로 오염시키는 바람에 다른 종들이 피해를 입고 있다고 우려하고 있어요. 국립 공원 주차장의 한복판인 이곳도 마찬가지입니다. 방문자 센터의 형광등, 지나가는 차량의 전조등, 주차장 주변의 가로등에서 나오는 불빛이 어둠을 갈기갈기 찢어 놓고 있으니 말이에요. 바버는 혀를 끌끌 차며 나에게 말합니다.

"인공광(인간이 인위적으로 만든 빛)이 야생 동물에게 미치는 영향을 생각하는 사람이 아무도 없어, 한때 어두컴컴했던 주차장이 지금은 월마트처럼 휘황찬란해졌어요."

지난 수 세기 동안, 인간은 다른 종의 감각 세계에 대해 많은 것을 배웠습니다. 하지만 그보다 훨씬 더 짧은 기간에, 우리는 그 세계를 뒤엎는 만행을 저질렀습니다. 다른 동물의 감각 세계에 발을 들여놓으며 그것을 이해하는 대신, 인위적인 자극으로 그들을 괴롭히며 우리의 감각 세계에 살도록 강요한 거예요. 인위적인 자극은 동물들의 주의를 '감지해야 할 것들'로부터 분산시키고, 그들이 살아가는 데 필요한 각종 신호를 집어삼켰습니다. 우리는 밤을 '빛'으로, 고요함을 '소음'으로, 토양과 물을 '낯선 분자'로 가득 채웠습니다.

새들을 위하여

일 년 내내 거의 모든 밤마다 스포츠 경기장과 관광 명소, 석유 굴착 장치와 사무용 건물에서 전등 불빛이 쏟아져 나옵니다. 그것은 야생 동물의 쉼

터이자 활동 무대인 어둠을 밀어 내고, 살기 좋은 곳으로 찾아가던 철새를 끌어 들입니다.

1886년 토머스 에디슨이 전구를 발명한 직후, 일리노이주 디케이터에서 약 1,000마리의 새가 조명탑에 충돌하여 죽었습니다. 그로부터 1세기가 지난 지금, 미국과 캐나다에서는 매년 약 700만 마리의 새가 통신 탑에 충돌하여 죽는 것으로 추정됩니다. 통신 탑에 켜진 빨간불은 항공기 조종사에게 경고 신호를 보내기 위한 것이지만, 야간에 비행하는 새들의 방향 감각을 교란하기도 합니다. 그러면 새들은 전선에 부딪히거나 서로 충돌하게 됩니다. 이러한 사망 사고 중 대부분은 '켜져 있는 불빛'을 '깜빡이는 불빛'으로 바꾸는 것만으로도 예방할 수 있습니다.

2016년, 천문학자들은 북아메리카와 유럽 인구의 99퍼센트 이상이 '빛으로 오염된 하늘' 아래에 살고 있다고 추정했습니다. 해가 지날수록 인공광으로 뒤덮인 지구의 면적은 조금씩 더 커지고 있으며, 빛의 밝기도 더욱 증가하고 있습니다. 우리 중 많은 사람들은 진정한 어둠을 경험해 본 적이 없습니다. 이는 나쁜 일처럼 들리지 않을 수도 있습니다. 우리는 빛을 안전, 지식, 선함과 연결해서 생각하기 때문입니다. 하지만 잘못된 장소(어두운 곳)와 잘못된 시간(밤)에 비추는 빛은 자연에 해를 끼치는 오염원이 될 수 있다는 점을 명심해야 합니다.

인간이 만들어 낸 인공광은 동물의 개체군을 변화시킵니다. 어떤 종은 끌어 들이고, 어떤 종은 밀어 냅니다. 아기 바다거북은 알에서 부화해 둥지에서 기어 나온 후 어두운 모래 언덕에서 더 밝은 바다로 이동합니다. 하지만 등불이 환하게 켜진 도로와 해변 휴양지는 그들을 잘못된 방향으로 이끌 수 있습니다. 인공광은 플로리다에서만 매년 수천 마리의 아기 거북을 희생시킵니다. 또, 많은 날벌레들이 가로등의 하얀 불빛에 이끌려 몇 시간 동안 공중에 떠 있다가 기진맥진하여 죽습니다. 일부 날쌘 박쥐들은 이러한 혼란을 틈타 곤충을 잡아먹기 위해 가로등으로 몰려듭니다. 하지만 동작이 느린 박쥐들은 빛에 가까이 가지 않습니다. 올빼미의 먹이가 되기 십상이기 때문이에요.

빛의 밝기뿐만 아니라 색깔도 중요합니다. 빨간색은 철새의 이동을 방해할 수 있지만, 박쥐와 곤충에게는 이롭습니다. 노란색은 곤충과 거북에게는 해롭지 않지만, 도롱뇽에게는 방해가 될 수 있습니다. 파란색은 가장 위험합니다. 생체 시계를 교란시키고 곤충을 강력하게 유인하기 때문입니다. 또한 쉽게 산란되어 빛 공해의 확산을 촉진합니다. 만약 전 세계가 파란색 빛이 많이 포함된 차세대 백색 LED로 완전히 전환한다면, 지구의 빛 공해는 두세 배로 증가할 것입니다.

고요함을 깨는 소리

화창한 4월의 어느 날 아침, 나는 콜로라도주 볼더의 바위투성이 언덕을 오르고 있습니다. 이곳에서 세상이 더 넓게 느껴지는 것은, 탁 트인 전망 때문만이 아니라 황홀할 정도로 고요하기 때문이기도 합니다. 날아가는 메뚜기의 날개에서 따다닥 소리가 납니다. 딱따구리 한 마리가 근처의 나무줄기를 부리로 두드립니다. 바람이 휙 소리를 내며 지나갑니다. 오래 앉아 있을수록 더 많은 소리가 들리는 것 같습니다. 때마침 등산객 두 명이 이 고요함을 깨뜨립니다. 보이지는 않지만, 아래 오솔길 어딘가에서 시끄럽게 이야기를 나누고 있는 듯합니다. 저 멀리 고속 도로를 따라 자동차들이 쌩쌩 달리는 소리가 들립니다. 머리 위로 비행기 한 대가 엔진 소리를 내며 날아갑니다.

하이킹을 마친 후, 나는 쿠르트 프리스트럽Kurt Fristrup을 만나고 있습니다. 그는 미국 국립 공원 관리청 '자연 음향 및 야간 하늘 부서'의 과학자로, 미국 전역의 자연 음향 풍경을 보호하기 위해 활동하고 있습니다. 프리스트럽과 그의 동료들은 수년간 전국 500여 곳의 장소에서 소리를 녹음해 왔습니다. 그 결과, 인간의 활동으로 인해 보호 구역의 63퍼센트에서 배경 소음 수준이 두 배로 증가했고, 21퍼센트에서는 10배로 증가했다는 사실을 발견했습니다. 항공기와 도로가 주요 원인이지만, 석유 및 가스 채굴, 광업, 임업과 같은 산업도 그에 못지 않습니다.

소음 공해는 동물이 의도적으로 내는 소리뿐만 아니라, 그들이 의존하는 배경 소음까지도 은폐합니다. 이를테면, 올빼미에게 먹이가 어디 있는지 알려 주는 부드러운 바스락거림이나, 생쥐에게 곧 먹이가 될 것임을 알리는 희미한 날갯짓 소리 말이에요. 그리하여 새들은 합창 시간이 바뀌고, 노랫가락이 단순해지며, 짝을 찾지 못할 수도 있습니다. 또한 프레리도그prairie dog가 땅속에서 더 많은 시간을 보내게 되고, 기생파리인 오르미아가 귀뚜라미 숙주를 찾지 못하게 될 수도 있습니다.

심지어 동물들이 지금껏 번성하던 곳에서 떠나게 될 수도 있습니다. 2012년, 제시 바버와 그의 동료들은 '유령 도로'를 건설함으로써 이를 증명했습니다. 그들은 철새들의 중간 기착지 역할을 하는 아이다호의 산등성이를 방문해 나무에 스피커를 부착한 후, 지나가는 자동차 소리를 반복해서 재생했습니다. 이 '실체 없는 소리'만으로도 평소 그곳에 머물던 새들의 3분의 1이 자리를 뜨기에 충분했습니다. 남아 있던 많은 새들조차, 유령 도로의 소음에 정신을 뺏겨 몸이 야위고 허약해졌습니다.

바다도 소음에서 결코 자유로울 수 없습니다. 바다는 본래 시끄러운 곳이며, 부서지는 파도, 부글부글 끓는 열수 분출공(지하에서 뜨거운 물이 솟아 나오는 구멍), 갈라지는 빙산, 고래의 노래, (커다란 집게발이 만드는 충격파로 지나가는 물고기를 기절시킨다) 딱총새우-snapping shrimp의 딱총 소리는 공중보다 물속에서 더 멀리, 더 빨리 전달됩니다. 하지만 이러한 자연의 소음은 인간이 만들어 낸 소음에 묻혀 버렸습니다. 해저를 마구 긁고 다니는 어선 소리, 석유와 가스를 탐사하는 시추기의 진동음, 군사용 수중 음파 탐지기의 초음파, 바다를 오가는 배들의 소리가 바로 그것입니다.

한밤중에 배가 지나가면 혹등고래는 노래를 멈추고, 범고래는 먹이 사냥을 멈추고, 참고래는 스트레스를 받을 거예요. 게는 먹이 활동을 멈추고, 갑오징어는 색깔이 변하고, 자리돔은 더 쉽게 잡힐 거예요.

해양 포유류 전문가 존 힐데브란트John Hildebrand는 나에게 말합니다.

"염치없게도 우리는 해양 동물들이 얼마나 높은 수준의 소음을 견뎌 내는지 알아보기 위한 실험을 하고 있어요. 입장을 바꿔 생각해 보세요. 당신이라면 자신이 이런 생체 실험의 대상이 되는 것을 용납하겠어요?"

셋

우리가 나아가야 할 길

이 책의 1장부터 11장에는, 우리가 수 세기에 걸쳐 힘들게 얻은 다른 동물의 감각 세계에 대한 지식이 가득 담겨 있습니다. 하지만 그 지식을 축적하는 동안, 인간은 이러한 세계를 근본적으로 바꾸어 놓았습니다. 우리는 다른 동물로 산다는 것이 어떤 것인지 이해하는 데 그 어느 때보다도 가까워졌지만, 정작 다른 동물들이 그저 존재하는 것조차 그 어느 때보다도 어렵게 만들었습니다.

수백만 년 동안 동물에게 도움이 되어 온 감각들이 이제는 동물을 해칠 수 있습니다. 자연계에 존재하지 않는 '매끄러운 수직 표면'은, 마치 '탁 트인 야외'에서 들려오는 것 같은 메아리를 되돌려줍니다. 박쥐가 종종 실수로 유리창에 부딪히는 것은 바로 이 때문일 수 있습니다. 한때 바닷새들을 먹이로 안내했던, 해조류 냄새가 나는 화학 물질인 DMS는 이제 인간이 바다에 내다 버린 수백만 톤의 플라스틱 쓰레기 더미로 그들을 데려갑니다. 바닷새의 약 90퍼센트가 플라스틱을 삼키는 이유는 아마도 이 때문일 거예요. 매너티는 온몸에 난 털을 이용하여 물의 흐름을 감지하지만, 빠르게 움직이는 작은 배를 피할 만큼 예민하지는 않습니다. 플로리다에 서식하는 매너티들이 죽는 원인의 4

분의 1은 보트와의 충돌 때문일 수 있습니다. 또한 해저의 약한 전기장은 상어를 먹이에게로 안내하기도 하지만, 매설된 고압 전선으로 유도하여 감전사를 초래할 수도 있습니다.

어떤 동물들은 현대의 풍경과 소리에 견디도록 적응했습니다. 심지어 어떤 동물들은 그 가운데 번성하기도 합니다. 예컨대 일부 도시 나방들은 빛에 덜 이끌리도록 진화했습니다. 어떤 도시 거미들은 가로등 아래에 거미줄을 쳐 놓고 그곳에 모여드는 곤충을 잡아먹습니다.

동물들은 행동을 바꾸거나 진화시킴으로써 변화한 환경에 적응할 수 있지만, 항상 그런 건 아니에요. 많은 종들이 수십 년마다 두 배로 늘어나는 소음과 빛 공해 수준을 따라잡을 만큼 빠르게 진화하지 못하거든요. 점점 더 줄어드는 서식지의 한구석으로 밀려난 생물들에게 새로운 삶의 터전을 찾아 떠나라는 것은 죽으라는 거나 마찬가지예요.

현장 속으로

동물: 산호 Coral

장소: 호주의 그레이트배리어리프

동물의 감각을 잘 이해하면 우리가 자연에 어떻게 해를 끼치고 있는지 알 수 있다. 또한 위기에 처한 자연을 구조하는 방법을 제시할 수도 있다.

2016년, 해양 생물학자 팀 라몬트Tim Lamont는 산호를 연구하기 위해 호주의 그레이트배리어리프로 갔다. 하지만 그곳에 도착하자마자, 라몬트는 폭염에 지친 산호가 그동안 '공생하던 조류algae'를 쫓아내는 광경을 목격했다. 지금껏 영양분과 선명한 색상을 제공하던 파트너를 잃자, 산호는 새하얗게 변했고—백화 현상이라고 불린다— 다양한 해양 생물로 붐비던 산호초는 조용해졌다. 딱총새우는 더 이상 딱총을 쏘지 않았고, 파랑비늘돔parrotfish은 더 이상 산호를 갉아 먹는 소리를 내지 않았다. 이런 소리들은 보통 어린 물고기들이 바다에서 몇 달을 보낸 후 해초를 먹으러 산호초로 돌아오는 데 도움이 된다. 하지만 조용한 산호초는 물고기들을 더 이상 끌어 들이지 못한다. 물고기가 없으면 무성하게 자라난 해초가 손상된 산호를 덮어 버려, 산호초가 백화 현상에서 회복하지 못할 거라고 라몬트는 우려했다.

2017년, 라몬트와 그의 동료들은 한 가지 실험을 시도했다. 그들은 수중에 확성기를 설치하고, 백화된 산호 위에 '건강한 산호초 소리'를 재생했다. 그 효과는 놀라웠다. 단 40일 만에, 소리가 나는 산호초에는 조용한 산호초보다 물고기 개체 수가 두 배로 많아졌고, 종 수도 50퍼센트 증가한 것으로 나타났다. 물고기들은 소리에 이끌려 산호초로 모여들었고, 그 주변에 머물며 공동체를 형성했다. 라몬트는 이 실험을 통해, '우리가 보호하려는 동물들의 인식을 통해 세상을 바라봄'으로써 무엇을 성취할 수 있는지 알게 되었다고 나에게 말했다.

하지만 현실적으로 이것은 아주 작은 해결책이다. 확성기는 가격이 비싸고 산호초는 규모가 크므로, 모든 문제를 해결하려면 어마어마한 비용과 노력이 필요할 것이다. 그럼에도 불구하고 자연의 소리를 복원

하는 것은 산호초를 되살리는 데 도움이 될 수 있다. 자연의 감각 풍경은 여전히 존재한다! 그리고 건강한 산호초에서 나는 마지막 소리가 기억 속으로 사라지기 전에, 우리에게는 그것들을 보존하고 복원할 시간이 아직 남아 있다.

    무슨 방법이 없을까요? 곰곰이 생각해 보면 방법이 보일 거예요. 살충제나 플라스틱과 같은 많은 종류의 오염 물질은 생산이 중단된 후에도 오랫동안 세상에 남아 있을 것입니다. 하지만 빛 공해는 불을 끄는 순간 사라지고, 소음 공해도 엔진과 프로펠러가 멈추는 즉시 사라질 거예요. 감각 오염 해결은 '생태학적 식은 죽 먹기'로, 신속하고 효과적으로 해결할 수 있는 지구 문제의 드문 사례입니다. 그리고 2020년, 우리는 뜻하지 않은 사건에 휘말려 자신도 모르게 이 문제를 해결하기도 했답니다.

    2020년 봄, 코로나19 팬데믹이 확산되면서 공공장소는 폐쇄되었고, 항공편은 운항이 중단되었고, 자동차는 주차된 채 움직이지 않았으며, 유람선은 항구에 정박된 채 긴 비수기에 들어갔습니다. 전 세계 인구의 거의 5분의 3에 해당하는, 약 45억 명의 사람들이 집에 머물도록 권고받았습니다. 그 결과, 많은 지역이 훨씬 더 어둡고 조용해졌습니다. 비행기와 자동차의 이동이 줄어들면서 독일 베를린 주변의 밤하늘 밝기는 평소의 절반 수준으로 감소했습니다. 혹등고래 보호 구역인 알래스카 글레이셔베이의 소음은 예년의 절반 수준으로 감소했고, 캘리포

니아, 뉴욕, 플로리다, 텍사스의 도시들도 마찬가지였어요. 그러자 놀라운 일이 일어났습니다. 전 세계 도시 거주자들이 갑자기 들리는 새들의 노랫소리에 귀를 쫑긋거리기 시작한 거예요. 항상 그곳에 있었지만, 인간의 소음에 묻히는 바람에 들리지 않았던 소리 말이에요.

여러 면에서, 코로나19 팬데믹은 우리가 '감내해야 했던 문제'와 '실제로 이룰 수 있는 변화'가 무엇인지를 보여 주었습니다. 우리가 노력할 의향만 있다면 감각 오염을 얼마든지 줄일 수 있다는 것을 보여 준 거예요. 그리고 이러한 감소는 전 세계를 봉쇄하는 부작용 없이도 가능합니다!

2007년, 커트 프리스트럽과 그의 동료들은 캘리포니아의 뮤어 우즈 국립 공원에서 간단한 실험을 했습니다. 기간을 무작위로 선택하여, 그들은 공원에서 가장 인기 있는 곳 중 하나를 '조용한 구역'으로 지정하는 표지판을 설치했어요. 표지판의 내용대로, 방문객들은 휴대 전화를 끄고 목소리를 낮추도록 권장받았어요. 이 간단한 조치(강제 사항은 아니었어요!)로 공원의 소음 수준이 3데시벨 감소했는데, 이는 1,200명의 방문객 감소와 동등한 수준이라고 하네요.

하지만 감각 오염을 진정으로 줄이려면 대대적인 조치가 필요합니다. 건물과 도로가 사용되지 않을 때는 조명을 어둡게 하거나 끌 수 있습니다. 지평선 위로 빛나지 않도록 조명을 가릴 수도 있습니다. LED는 파란색이나 흰색에서 빨간색으로 바꿀 수 있습니다. 육지와 수중에 방음벽을 설치하여 자동차와 공장에서 나는 소리를 줄일 수 있습니다. 자동차는 중요한 자연 보호 구역을 피하거나, 속도를 줄여 소음을 줄일 수도 있습니다.

　시끄럽고 빛 공해가 심한 곳에 살고 있다 보니, 어둡고 조용한 곳에서 산다는 게 어떤 느낌인지 전혀 모르는 사람들이 많습니다. 문제가 존재한다는 사실조차 깨닫지 못하지요. 이를 어떻게 해결할 수 있을까요? 환경이 파괴될수록 우리는 그 결과에 더욱 익숙해집니다. 동물을 밀어 내면, 우리는 그들의 부재에 익숙해집니다. 공해가 심해질수록 그것을 해결하려는 우리의 의지는 더욱 약해질 수밖에 없습니다. 하지만 우리는 해결해야 합니다.

　'광야'라는 개념은 너무 오랫동안 웅장한 것, 즉 '멀리 떨어져 있고 장엄하며, 여행하고 탐험할 수 있는 사람들만 접근할 수 있는 것'으로 여겨져 왔습니다. 그러다 보니, 우리는 자신도 모르게 자연을 '우리가 그 안에 존재하는 것'이 아니라 '우리와 동떨어진 것'으로 생각하게 되었습니다.

　하지만 자연의 웅장함은 협곡이나 산에만 있는 것이 아닙니다. 그것은 '인식의 광야', 즉 '우리의 움벨트 너머'와 '다른 동물들의 움벨트 안'에 있는 감각 공간에서도 발견할 수 있어요. 다른 감각을 통해 세상을 인식한다는 것은 '익숙함 속의 아름다움'과 '평범함 속의 신성함'을 찾는 일이랍니다. 자연의 경이로움은 당신의 뒤뜰 정원—벌이 꽃의 전기장을 감지하고, 매미충이 식물 줄기를 통해 진동하는 멜로디를 만들며, 새들이 숨겨진 색상을 보는 곳—에도 존재합니다. 광야는 결코 멀리 있지 않습니다. 우리가 상상하고 음미하고 보호할 수 있도록 가까운 곳에 존재합니다. 이를 전혀 의식하지 못한 채 우리는 매일 그 안에서 살아갑니다.

다른 생물의 감각 세계에 몸을 담글 수 있는 능력을 감각 기술이라고 하며, 우리 인간이 보유한 능력 중에서 가장 위대한 것으로 여겨집니다. 이 책의 도입부에서 상상했던 가상의 방을 다시 떠올려 보세요. 당신은 코끼리, 방울뱀, 다른 모든 동물들과 함께 서 있었습니다. 당신에게는 자외선 시각, 자기수용, 반향정위, 적외선 감각이 없었습니다. 하지만 당신은 이러한 감각들이 존재한다는 것을 알고, 그런 감각이 어떤 느낌일지 상상할 수 있는 유일한 존재였습니다. 그리고 어쩌면 당신은 그런 문제에 관심을 갖는 유일한 존재일지도 모릅니다.

보공나방은 금화조의 노랫소리를 결코 알 수 없을 것입니다. 금화조는 검은유령칼고기의 전기적 윙윙거림을 결코 느낄 수 없을 것입니다. 칼고기는 갯가재의 눈으로 세상을 볼 수 없을 것 갯가재는 개와 같은 방식으로 냄새를 맡을 수 없을 것입니다. 그리고 개는 박쥐로 산다는 것이 어떤 것인지 결코 이해하지 못할 것입니다. 우리도 이 모든 일 중 어느 것 하나 제대로 할 수 없기는 마찬가지지만, 그럼에도 그들의 감각 세계에 가까이 다가갈 수 있는 유일한 동물입니다.

우리는 문어로 산다는 것이 어떤 느낌인지 모를 수 있지만, 문어의 경험이 우리의 경험과 다르다는 것은 압니다. 다른 동물들을 관찰하고 연구하며, 무엇보다도 호기심과 상상력을 통해 우리는 그들의 세계에 발을 들여놓으려고 노력할 수 있습니다.

우리는 그렇게 하기로 결심해야 합니다. 왜냐하면, 그런 결정을 내릴 수 있다는 것 자체가 일종의 특권이기 때문입니다. 그것은 우리가

'스스로 얻어 낸' 결과물이 아니라 자연이 '거저 준' 선물로, 우리 모두가 오래도록 소중히 간직해야 할 축복입니다.

감사의 글

2018년 말, 어느 날 나는 아내 리즈 닐리와 런던의 한 카페에 앉아, 두 번째 책을 쓰고 싶지만 아이디어가 바닥났다고 말했습니다. 리즈는 내 말을 참을성 있게 듣더니, 동물이 세상을 어떻게 인식하는지에 대한 글을 써 보는 건 어떠냐고 넌지시 제안했습니다. 내 머릿속에 아이디어를 심어 준 것뿐만 아니라, 이 책의 핵심 가치인 기쁨, 호기심, 공감을 구체화해 준 리즈에게 진심으로 감사합니다.

나의 에이전트인 윌 프랜시스와 PJ 마크, 발행인 힐러리 레드먼과 스튜어트 윌리엄스는 성인 독자용 책의 원안 구상부터 완성본 제작까지 모든 과정을 함께했습니다. 네 명 모두 나의 첫 번째 책인 『내 속엔 미생물이 너무도 많아 I Contain Multitudes』에도 참여했는데, 그들과 다시 함께 작업하게 되니 마치 고향에 온 것 같았습니다.

그리고 또 다른 팀이 『이토록 굉장한 세계 An Immense World』를 지금 여러분이 펼쳐 들고 있는 어린이 독자용으로 탈바꿈시켰습니다. 톰 러셀이 유제니아 로와 레베카 비트커스의 도움을 받아 우아하고 능숙하게 프로젝트를 진행했습니다. 앤마리 앤더슨은 캐럴 리의 디자인과 레베카 밀스의 아름다운 그림을 통해 생동감 넘치는 단어들을 아름답게

각색하고 간결하게 다듬었습니다.

또한 수년 동안 나의 단어들을 다듬어 주신 모든 편집자분들, 나를 지지해 준 친구들, 나와 함께 시간을 보내 주신 과학자분들께도 진심으로 감사드립니다. 마지막으로, 강아지 '핀', 방울뱀 '마거릿', 잔점박이물범 '스프라우츠', 매너티 '휴', 큰갈색박쥐 '지퍼', 전기메기 '블러비', 내 손가락을 때린 이름 없는 갯가재를 만나 즐거웠습니다.

끝으로, 주바, 모로, 엘러스, 아테나, 루비, 미지, 에즈라, 빙고, 넬리, 베넷, 마고, 카넬라, 코코, 돌리, 트럭시, 팀, 재닛, 클래런스, 자코, 위스키, 테슬라, 크로스비, 빙, 베어, 버디, 미키, 특히 마음과 가정뿐만 아니라 머릿속에도 '동물을 간직하는 법'을 가르쳐 준 나의 소중한 반려견, 타이포에게 감사합니다. 혹시 내가 깜빡 잊었을지도 모르는 다른 모든 훌륭한 반려견(그리고 반려묘)들에게는 정말 미안합니다. 그들이 글을 읽을 줄 모르는 게 천만다행이에요.

알아 두면 좋을 생명 과학 용어

들어가며

움벨트 — 동물의 **움벨트**는, 동물이 감지하고 경험할 수 있는 주변 환경의 일부입니다.

고유 감각 — **고유 감각**은 동물이 자신의 몸을 인식하는 감각입니다.

평형 감각 — **평형 감각**은 다른 말로 균형 감각이라고도 합니다.

1장

뉴런 — **뉴런**은 몸 전체, 특히 뇌 안팎에서 전기 신호를 보내는 특수 세포입니다.

방향제 — **방향제**는 냄새를 지닌 분자입니다. 예를 들어, 이소아밀아세테이트isoamyl acetate는 바나나 냄새가 나는 방향제입니다.

분자 — **분자**는 해당 물질의 물리적·화학적 특성을 가진 가장 작은 단위입니다.

후각 망울 — **후각 망울**은 냄새를 담당하는 뇌 영역입니다.

페로몬 — **페로몬**은 동물이 분비하는 화학 물질로, 같은 종의 개체들에게 표준화된 신호를 보냅니다.

우마미 — **우마미**는 다섯 가지 기본 맛 중 하나이며, 종종 감칠맛으로 묘사됩니다. 간장을 생각해 보세요.

2장

렌즈 — **렌즈**는 눈의 일부로, 망막에 빛을 모으는 역할을 합니다.

망막 광수용체 — **망막**은 안구 뒤쪽에 있는 얇은 신경 세포 층으로, 빛을 탐지하는 세포인 **광수용체**가 들어 있어요.

옵신 — **옵신**은 광수용체에서 발견되는 단백질이에요. 우리가 세상을 볼 수 있는 것은 이것이 빛에 반응하여 화학 반응을 일으키기 때문이에요.

시력 cpd — **시력**은 동물의 시각이 얼마나 예리한지 측정하는 척도입니다. 시력은 1도당 주기 수cycle per degree로 측정하며, 영어의 앞 글자를 따서 **cpd**라고 합니다.

시야 — **시야**는, 동물이 실제로 볼 수 있는 주변 영역을 의미합니다.

광자 — **광자**는 미세한 빛 입자입니다.

단색 — 색깔 없이 흑백의 음영으로만 구성되어 있는 것을 **단색**이라고 합니다.

원뿔세포 — **원뿔세포**는 눈이 색깔을 볼 수 있도록 해 주는 광수용체로, 밝은 빛에서만 작동합니다.

막대세포	**막대세포**는 더욱 민감한 광수용체로, 빛이 거의 없거나 전혀 없을 때 작동합니다.

3장

뉴런	**뉴런**은 신경계의 기본 세포로, 온몸으로 신호를 보냅니다.
단색형 색각자	**단색형 색각자**는 색을 보지 못합니다. 상어, 너구리, 나무늘보는 단색형 색각자입니다.
이색형 색각자	**이색형 색각자**는 두 개의 원뿔세포가 있는 눈을 가지고 있으며 제한된 범위의 색을 볼 수 있습니다. 개와 말은 이색형 색각자입니다.
삼색형 색각자	**삼색형 색각자**는 세 개의 원뿔세포가 있는 눈을 통해 색을 인식합니다. 대부분의 인간과 영장류는 삼색형 색각자입니다.
자외선	**자외선**은 보라색 너머에 존재하는 빛으로, 대부분의 인간이 볼 수 있는 빛의 스펙트럼 밖에 있습니다.
사색형 색각자	**사색형 색각자**는 네 가지 유형의 원뿔세포를 가지고 있으며, 인간이 볼 수 없는 많은 색깔을 볼 수 있습니다.
비분광색	**비분광색**은 가시광선 스펙트럼에 없는 색으로, 스펙트럼 내의 두 가지 색을 혼합하여 만들어집니다.
파노라마 시각	**파노라마 시각**은 보는 사람을 둘러싼 넓은 영역을 포괄합니다.
원형편광	**원형편광**은 코르크스크루처럼 휘어지며 진행하는 특수한 종류의 빛입니다.

4장

통각 수용체	**통각 수용체**는 유해한 자극에 의해 활성화되는 뉴런입니다.
통각	**통각**은 이러한 뉴런(통각 수용체)이 손상을 감지하는 감각 과정입니다.
주관적	무언가가 **주관적**이라고 여겨지는 것은, 개인적 감정과 의견의 영향을 받기 때문입니다.
마취체	**마취체**는 통증을 느끼는 것을 차단하기 위해 사용되는 의약품입니다.

5장

저체온증	**저체온증**은 위험할 정도로 낮은 체온으로 인해 발생하는 질환입니다.
TRP 채널 열 센서	**TRP 채널**은 동물의 몸 전체에 존재하는 일종의 **열 센서**입니다.
캡사이신	**캡사이신**은 고추에 함유되어 있는 자극성 물질로, 고추에 타는 듯한 느낌을 부여합니다.

주열성	주열성은 생물이 열원(열의 근원)을 향해 이동하거나 열원에서 멀어지는 과정을 의미합니다.
적외선	적외선은 가시광선 스펙트럼의 빨간색 끝 바로 너머에 있는 빛입니다.
기생충	기생충은 숙주 생물에 빌붙어 영양분을 얻는 동물입니다.
내온성	내온성은 동물이 스스로 체온을 생성하고 유지하는 과정입니다.
막	막은 세포나 조직의 얇은 층으로, 동물의 체내에서 장벽이나 내벽을 형성합니다.
6장	
기계수용체	기계수용체는 접촉이나 압력과 같은 물리적 자극에 반응하는 세포입니다.
코털	코털 또는 수염은 촉각 센서 역할을 하는 길고 뻣뻣한 털입니다.
입질	입 주변의 신체 부위로 물건을 다루는 것을 **입질**이라고 합니다.
유체역학	유체역학은 액체와 기체의 움직임을 뜻하는 용어입니다.
측선	물고기의 **측선**은 특수한 촉각 센서로 구성되어 있어, 물고기로 하여금 자신의 움직임을 인식하게 해 줍니다.
감각모	감각모는 거미와 다른 동물에서 발견되는 특화된 털로, 공기의 흐름에 민감합니다.
7장	
배아	개구리 **배아**는 부화하지 않은 아기 개구리로, 아직 성장 중입니다.
진동계	진동계는 표면의 진동을 탐지하고 측정하는 장치입니다.
8장	
초저주파	초저주파는 주파수가 20헤르츠 미만인 소리로, 대부분의 사람들이 들을 수 없습니다.
9장	
반향정위	반향정위는 반사되어 돌아오는 메아리 소리를 듣고 물체를 찾아내는 능력입니다.
이빨고래류	**이빨고래류**는 이빨을 가진 고래로, 범고래, 향유고래, 돌고래를 포함합니다.

음향 태그	**음향 태그**는 과학자들로 하여금 수생 동물을 탐지하거나 추적하도록 해 주는 소형 장치입니다.

10장

전기세포	**전기세포**는 물고기의 발전 기관에서 전기를 생성하는 특수 세포입니다.
이온	**이온**은 전하를 띤 원자 또는 분자입니다.
능동적 전기정위	**능동적 전기정위**에서, 전기어는 전기장을 사용하여 물체를 감지하고 주변을 탐색합니다.
도체	**도체**는 전기가 쉽게 흐르는 물질입니다.
부도체	**부도체**는 전기의 흐름을 약화시키는 물질입니다.
전기수용체	**전기수용체**는 전기어가 전기장의 변화를 감지할 수 있도록 해 주는 감각 세포입니다.
수동적 전기수용	**수동적 전기수용**을 통해, 동물은 다른 동물의 전기장을 감지합니다.
자기수용	**자기수용**은 지구의 자기장을 감지하고 이를 이용하여 방향을 찾는 능력입니다.
추군루에	'이주 불안증'을 뜻하는 **추군루에**는 이주를 앞둔 새들이 드러내는 불안감을 의미합니다.
조류학자	**조류학자**는 새를 연구하는 과학자입니다.
자기수용체	**자기수용체**는 자기장을 감지하는 세포입니다.

11장

공감각	**공감각**은 여러 감각이 예상치 못하게 연결되는 현상입니다. 어떤 사람들은 음악을 감상할 때 그림을 보는 듯한 경험을 하고, 어떤 사람들은 소리를 들을 때 향내를 맡을 수 있습니다.

원작 에드 용

세계에서 가장 영향력 있는 과학 저널리스트이자 퓰리처상 수상 작가입니다. 케임브리지대학교에서 자연과학(동물학)을 전공하고 석사 학위를 받았으며, 유니버시티 칼리지 런던에서 생화학 연구로 석사 학위를 받았습니다. 자연계의 경이로움을 만끽할 수 있는 놀라운 연구 결과와 중요한 과학적 발견들을 발 빠르게 소개한 블로그(Not Exactly Rocket Science)로 단숨에 주목할 만한 과학 작가로 떠오른 에드 용은 '과학 저널리즘의 미래'라는 평가를 받으며, 2016년 미생물 세계를 탐사한 첫 책 『내 속엔 미생물이 너무도 많아』로 세계적 베스트셀러 작가가 되었습니다. 『이토록 굉장한 세계』 역시 출간 즉시 「뉴욕타임스」 베스트셀러에 올랐고, 20여 곳이 넘는 매체의 2022 올해의 책을 휩쓸었습니다. 에드 용은 이 책으로 2023 앤드류 카네기 메달을 수상하고 '대체 불가능한' 과학 저널리스트임을 다시 한번 증명했습니다.

각색 앤마리 앤더슨

아동 도서 작가이자 편집자입니다. 에드 용의 『이토록 굉장한 세계』를 어린이 독자용 작품으로 각색했고, 현재는 390만 부 이상 판매된 카일라 메이의 베스트셀러 『퍼그의 일기』 장편 시리즈의 편집자로 활동 중입니다.

그림 레베카 밀스

일러스트레이터이자 그래픽 디자이너입니다. 밝고, 다채롭고, 재미있는 작품을 많이 만들어 내고 있습니다. 기업과 어린이 시장을 위한 작품을 제작하는 레베카의 일러스트레이션은 전시회와 인쇄물, 퍼즐, 의류, 우표, 심지어 서핑보드로까지 제작되었습니다.

옮김 양병찬

서울대학교 경영학과와 동 대학원을 졸업한 후 대기업에서 직장 생활을 하다 진로를 바꿔 중앙대학교에서 약학을 공부했습니다. 약사로 활동하며 틈틈이 의약학과 생명과학 분야의 글을 번역했습니다. 진화론의 교과서로 불리는 『센스 앤 넌센스』와 알렉산더 폰 훔볼트를 다룬 화제작 『자연의 발명』을 번역했고, 2019년에는 『아름다움의 진화』로 한국출판문화상 번역상을 수상했습니다. 최근에 옮긴 책으로, 『이토록 굉장한 세계』, 『브레인 케미스트리』, 『하나의 세포로부터』, 『자연 그대로의 자연』 등이 있습니다. 요즘에는 「네이처」와 「사이언스」 등 해외 과학 저널에 실린 의학 및 생명과학 분야의 최신 동향을 신속하게 번역하여, 페이스북에 무료로 소개하고 있습니다. 페이스북 담벼락 밑에는 '배고픈 건 참아도 궁금한 건 못 참는다'는 진심 어린 좌우명이 적혀 있습니다.

사진 출처

1. Close-up of a dog's nose 19쪽
Credit: "Who knows a dog's nose?" by Gunn Shots ! is licensed under CC BY 2.0.

2. Manatee 144쪽
Credit: "Endangered Florida manatee (Trichechus manatus), Crystal River National Wildlife Refuge, Florida" by USFWS Endangered Species is licensed under CC BY 2.0.

3. A crocodile's snout 148쪽
Credit: "Siamese Crocodile" by JustinJensen is licensed under CC BY 2.0.

4. Snake with tadpools 163쪽
Credit: Karen Warkentin

5. Tungara frog 189쪽
Credit: "Tungara Frog Engystomops pustulosus" by brian.gratwicke is licensed under CC BY 2.0.